生命华章
——致无语良师的大爱颂歌

BEAUTIFUL POEMS ON LIFE

主　编　陈琼珠
副主编　满　意　徐达政　徐　睿

·广州·

版权所有　翻印必究

图书在版编目（CIP）数据

生命华章：致无语良师的大爱颂歌/陈琼珠主编；满意，徐达政，徐睿副主编． —广州：中山大学出版社，2016.12
ISBN 978-7-306-05842-3

Ⅰ．①生… Ⅱ．①陈… ②满… ③徐… ④徐… Ⅲ．①医学院校—优秀教师—先进事迹—广州　Ⅳ．①K825.46

中国版本图书馆 CIP 数据核字（2016）第 230530 号

SHENGMING HUAZHANG

| 出 版 人：徐　劲
| 策划编辑：钟永源
| 责任编辑：钟永源
| 封面设计：曾　斌
| 责任校对：杨文泉
| 责任技编：何雅涛
| 出版发行：中山大学出版社
| 电　　话：编辑部 020-84111996，84113349，84111997，84110779
| 　　发行部 020-84111998，84111981，84111160
| 地　　址：广州市新港西路 135 号
| 邮　　编：510275　　　　传　真：020-84036565
| 网　　址：http://www.zsup.com.cn　　E-mail:zdcbs@mail.sysu.edu.cn
| 印 刷 者：广州家联印刷有限公司
| 规　　格：787mm×1092mm　1/16　11.5 印张　280 千字
| 版次印次：2016 年 12 月第 1 版　2016 年 12 月第 1 次印刷
| 定　　价：48.00 元

如发现本书因印装质量影响阅读，请与出版社发行部联系调换

编 委 会

主　　编　陈琼珠
副 主 编　满　意　徐达政　徐　睿
编　　者　（按姓氏拼音为序）

蔡依玫	陈东嘉	陈俊骏	陈　锐	陈旭东
初国良	方　佳	胡黎平	黄彩文	黄俊豪
黄　山	黄一皎	李丛冉	李佳颖	李嘉泳
李雅婷	李月琪	梁翠莎	林家宁	刘潇潇
吕东明	潘扬勋	屈晓妍	史卷一	童牧野
涂　剑	王　纯	王乾宇	王书婷	吴　滔
伍慧勤	徐晓辰	许幸峰	颜　燕	姚浩华
姚伙生	叶晓敏	余海蓉	张　冲	张硕阳
张炜哲	张　怡	张雨婷	赵雪茹	钟光明
朱琪琪	邹宇田			

编辑助理　陈东嘉　李嘉泳　陈旭东　李译玄　梁小立
　　　　　　徐长浩　陈华英

目　　录

第一篇　史册流芳

伟大的真意
　　——刘世珍老师的故事 …………………………………………（2）
无私奉献，美若落花
　　——冯兆宏老师的故事 …………………………………………（4）
信仰的力量
　　——彭雄辉老师的故事 …………………………………………（6）
花开花落，去留无意
　　——伍智民老师的故事 …………………………………………（8）
倾尽所有，倾尽仅有
　　——王勉予和黄美静老师的故事 ………………………………（10）
辛勤一生，叶落杏林
　　——任春昉老师的故事 …………………………………………（12）
蚕桑之缘，奉献永恒
　　——苏大道老师的故事 …………………………………………（14）
为某些东西而义无反顾
　　——李载森老师的故事 …………………………………………（16）
医心不朽，温暖常流
　　——程小育老师的故事 …………………………………………（18）
尘埃中的花
　　——杜冠一老师的故事 …………………………………………（20）
生命的终点
　　——崔强老师的故事 ……………………………………………（22）
生命之火永不熄
　　——曾志斌、陈少娟老师的故事 ………………………………（24）
高雅纯洁，香如百合
　　——陈婉娴老师的故事 …………………………………………（26）
施比受更有福
　　——熊冠英老师的故事 …………………………………………（28）
一身英雄血，博爱为后人
　　——邓权民老师的故事 …………………………………………（30）
简简单单平凡心
　　——陈秀珍、伦广祥老师的故事 ………………………………（32）

舍身育才作渡舟
　　——樊珠、叶慧珍老师的故事 …………………………………………（34）
忠诚正气，奉献一生
　　——周毓青老师的故事 ……………………………………………（37）
怀中有情，奔跑无畏
　　——余秋艳老师的故事 ……………………………………………（39）
琴声不谢
　　——张堹老师的故事 ………………………………………………（41）
生于忧患
　　——刘耀虞老师的故事 ……………………………………………（43）
十年树木，百年树人
　　——李家树老师的故事 ……………………………………………（45）
南粤遗体捐献事业的先驱者
　　——王彻、司徒梅芳夫妇的故事 …………………………………（47）
落雪红梅，冰心洁玉
　　——徐玉梅老师的故事 ……………………………………………（49）
我的母亲
　　——刘兴会老师的故事 ……………………………………………（51）
杏林师者
　　——鲍燕华老师的故事 ……………………………………………（54）
人间日月去如梭
　　——章立民老师的故事 ……………………………………………（56）

第二篇　高风亮节

毕生良师邓老先生
　　——邓老先生的故事 ………………………………………………（60）
许你此身，生命长青
　　——李小宁女士的故事 ……………………………………………（63）
何不潇洒走一回
　　——麦敏老人的故事 ………………………………………………（67）
连理枝头，杏林常芳
　　——孙明明先生与方敏女士的故事 ………………………………（70）
在黑暗中漫舞
　　——王志明老师的故事 ……………………………………………（74）
用奉献书写生命华章
　　——周捷老师的故事 ………………………………………………（78）

第三篇　跪乳之恩

追忆
　　——纪念无语良师王勉予和黄美静 ………………………………………… (82)
感恩有您
　　——无语良师 …………………………………………………………………… (83)
桃李不言，下自成蹊 …………………………………………………………………… (85)
无言良师，灵魂阶梯 …………………………………………………………………… (87)
谢谢你们，引路人
　　——感恩大体老师 ……………………………………………………………… (89)
医路上有你，苦一点也愿意 …………………………………………………………… (91)
以身相许，遗爱人间
　　——心怀感激，手写恩师 ……………………………………………………… (93)
叩问生命
　　——感恩大体老师 ……………………………………………………………… (94)
领悟 ……………………………………………………………………………………… (96)
三个世界 ………………………………………………………………………………… (98)
生命的重量
　　——大体无言，却重若泰山 …………………………………………………… (100)
无言之师 ………………………………………………………………………………… (102)
寻尸 ……………………………………………………………………………………… (104)
原来你还在 ……………………………………………………………………………… (107)

第四篇　高山景行

梅柳馨香常依旧　灵根本是吾家有
　　——遗体捐献山重水复 ………………………………………………………… (110)
　　一、关于捐献站，不可不知的二三事 ………………………………………… (110)
　　二、当论及遗体捐献，我们在谈些什么 ……………………………………… (111)
　　三、包围遗体捐献事业的重重迷障 …………………………………………… (112)
心本匪石岂能转　微斯人其谁与归
　　——"医心遗意"志愿服务的故事 …………………………………………… (114)
　　一、"医心遗意"——行动的原点 …………………………………………… (114)
　　二、西关小屋——爱心寓于行动，遗志扬于身后 …………………………… (116)
　　三、走入社区——志愿服务的深化 …………………………………………… (116)
　　四、敬老爱幼——志愿服务的深化 …………………………………………… (117)
　　五、同道携手——在交流中进步 ……………………………………………… (118)
繁英离枝不归尘　杏林草芥犹怀恩
　　——"医心遗意"为缅怀 ……………………………………………………… (120)

一、为了不忘却的纪念——校园里的追思 ………………………………（120）
　　二、为了不忘却的纪念——墓园里的缅怀 ………………………………（121）
　　三、寻找丰碑背后的故事——探访大体老师家属 ………………………（122）
　　四、杏林感恩——至善广场 ………………………………………………（124）
　　五、手绘寄赞歌 ……………………………………………………………（125）
驰昼夜同济沧海　传薪火以爱燃灯
　　——"医心遗意"为发展 ……………………………………………………（126）
　　一．怀火热耐心，朝远方风雨兼程 ………………………………………（126）
　　二．纸端笔走滋味长 ………………………………………………………（127）

附录　彩图图序 ……………………………………………………………（131）

第一篇

史册流芳

　　本篇收录了27位已实现遗体捐献宏愿的志愿者的真实故事。通过志愿者家属、亲友或同事的追忆，一个个感人肺腑的故事展现在我们面前。他们是芸芸众生的普通一员，有着各自不同的人生经历，最终都因履行"捐献遗体"的承诺而汇聚在一起，共同表达着对人类生命的关爱，实践着为人类健康的奉献。

伟大的真意
——刘世珍老师的故事

不知疲倦，日日从东方升起，不求回报，挥洒光芒普照大地，但那太阳何曾为自己的伟岸高唱圣歌？永不停歇，日日向东方奔去，温柔博爱，默默滋养那方土地，但那黄河何曾对自己的无私崇拜不已？

原来真正的伟人从不会自我沉醉，真正的伟大并不须刻意求取。当一个人坚定了他的信仰，并为之燃烧不息，那些关键时刻的伟大举动，在他看来只是再普通不过的选择而已。这种纯粹的伟大，令人惊叹，令人动容。刘世珍老师，从容地捐献了自己的身躯，诠释了伟大的真谛。

好像在听着一首恬静又动人心扉的歌，刘世珍老师的一生令我沉醉与感动无比。（见彩图图1.1.1）

故事的开始，是在20世纪40年代，刘世珍老师考入北京大学的无线电专业。从那时起，她好似找到了她的生命方向，一切不再迷茫，她的一生就此与她最爱的科研紧紧地联系在一起。在北大校园里，她忘我学习。电波的交织是她心里最美的旋律，唯物主义的世界让她沉醉不已。毕业后，她进入了湖北省电子工业部门，更是一心扑在了自己的工作上，风雨兼程，如痴如醉，为祖国的科学事业奉献了自己毕生的精力与热血。（见彩图图1.1.2）

当谈到自己的母亲时，儿子刘迎称她为一名"女强人"，说刘世珍老师好胜且有自己的主见。她也教育子女要有独立的精神。儿子刘迎没有辜负母亲的期望，在找到工作后便离开母亲独自生活。

在刘迎叔叔的眼里，刘世珍老师是一位独立而坚强不屈的母亲。面对生活与事业，她好似多了几分刚毅，少了几分柔情。但在我看来，刘世珍老师都是那么温柔，那么浪漫。

努力的工作，是为了显赫的功名？忘我的付出，是为了富裕的生活？绝对不是。

那是一个火红的年代。那时的祖国，刚刚驱散阴霾，迎来黎明，百废待兴。那时的人们，多么真诚地希望祖国能建设得更加美好，多么希望能够奉献自己的一切为祖国添砖加瓦。刘世珍老师就是那些热血青年中的一员。从青丝到白发，如此辛勤付出，都无怨无悔，只因她也深深地爱着自己的祖国，爱得那么热烈，那么纯粹。

科研工作所需的严谨科学的态度让她习惯了独立与刚毅。科研工作的紧张忙碌总让她离开家庭的温暖。作为高级知识分子的她也曾在"文革"时期遭受过迫害，但只要一想到祖国的科研事业需要她，她便忘记了自我，忘记了伤痛，付出的每一分每一秒都使她快乐，使她感动。也许，对祖国的爱，就是她一生最坚实的依靠。

爱的故事还在继续。

退休后，刘世珍老师的身体渐渐变差，在病情加重后，她预感到或许离死神不远了，但她没有丝毫的恐惧，反而一个人在广州四处打听遗体捐献的相关事宜，最终找到中山大学负责遗体捐献的老师，完成了遗体捐献的手续。就这样，刘世珍老师默默地安排了自己的后事。刘迎叔叔说，母亲当时觉得捐献只是个简单的事，她很平静地去做这件事，并没有觉得这是多么大的奉献。

"这仅仅是她的一个选择罢了。"

听到这，我深受震撼，本以为无私奉献的背后会有多少高不可攀的精神力量来支撑，但在当事人眼里，这样伟大而无私的行为背后，竟然是如此简单的一个原因。内心惭愧不已，我开始重新思考起"伟大"的意义。

还记得年少的自己，不愿自己的名字被岁月的长河冲刷去。写过伤感的诗，把自己感动得梨花带雨；偷偷做过好事，自己在暗地里开心不已。然而，为了伟大而伟大的自己却没有被世界铭记。

到如今，才知道自己渺小不已。原来真正的伟大并不需要刻意求取。就像父母，何曾沉醉于自己父爱母爱的伟大，如此日夜辛勤付出只求儿女安康幸福。就像军人，何曾崇拜于自己守卫祖国的刚强，如此日夜兼程只为祖国安定有序。正是从未追求过伟大的他们创造了最为伟大的奇迹。

深爱着自己的祖国，自然为祖国燃尽了自己的青春年华，即使到了生命的最后一刻，即使站在了生与死的高度，刘世珍老师还是默默地选择奉献自己的身躯，去为祖国的医学事业尽自己最后一分力，就好像对爱人悄悄地吟诵着最后一首情诗，美得令人感动，令人落泪。

而这才是真正的伟大。伟大并不需要惊天动地的呐喊去吸引崇敬的目光，也不需要华美绚丽的辞藻去堆砌自己的伟大。因为伟人从未感觉到自己伟大。他爱着他的信仰爱得深沉，所作所为都是为了信仰做的最普通而简单不过的选择。也许我们所谓的伟大，在刘世珍老师心里就是无悔，是执着，是不愧于自己的快乐，是为信仰付出一切后自我内心的满足。

2012年，美丽的刘世珍老师因患脑癌离开了我们，但她现在又以另一种身份继续燃烧着自己心中的爱，诠释着伟大的纯洁，伟大的真意。

无私奉献，美若落花
——冯兆宏老师的故事

你可曾见过木棉花？

寒冷冬季剥去木棉翠绿繁叶，只剩悲凉枝架。于是春季一到，木棉花便急切地在那枯枝上绽放，多么热烈地喷吐出鲜红的色彩，多么纵情地温暖着木棉，倾诉着自己对木棉的爱。枯萎时也无比绚烂，它竟果断坠地，不带一丝婉约哀伤，去奉献，去回归，去融入泥土，去拥抱木棉的根。

冯兆宏老师就好似木棉花。（见彩图图1.2.1）

一杯茶，粤剧的咿咿呀呀便能伴他度过午后时光。一提笔，挥出一个"和"字再细细端详。在晨曦与清风中，他凝重而有力地打着太极，体会着身体与万物的同一。在书房的烛光下，年幼读过私塾的他还在捧着儒家的典籍静静品读与冥想。他还爱好写诗，也爱为粤剧填词。他一直要求孩子们去听粤剧，好似他们听了粤剧里的忠孝礼义才能健康成长。可孩子们呢，锣鼓声一响就马上入睡了。书香文雅的他带给孩子们就是这样传统的教育。

也包括，"身体发肤，受之父母。"

"他曾经深受儒家思想影响，是'腐儒'，到后来作出捐献遗体的决定，我也不知道他是怎样完成这样的转变的。"冯老师的儿子谈起父亲生前作出遗体捐献决定一事时，显得有些困惑。

年少时的他也曾熬过那个年代，那个纷纷扰扰的年代。硝烟四起，四处啼哭，日军侵华的苦难他深切地体会，艰难地求生。荒诞恐怖，人人自危，"文革"时他也曾卷入政治风波，举报了自营小工厂的妹妹，晚年常为此后悔。

历史的磨难带给了他眼角的泪水与皱纹，化作了看待是是非非的哲理，人生的真理，幸福的真谛。黑暗，动乱，混乱，冷漠，少年和青年时代的他历经了太多太多，但他没有沉没在恐惧与麻木中。相反，他抬起头，走向充满阳光的地方。他明白，只有多些温情，多些体贴，去奉献，去传递爱，那些苦痛劫难才能不再重演。

于是，"文革"后的冯老师变成了一名"愤青"，一直在努力地奉献着自己，积极地生活，奔走不息。

已至耄耋的他自己主动住进了老人院。在那，他又找到了生活的新追求，继续燃烧着他心中的烈火。积极热心的他主动承担了院内的宣传工作，尽心绘写每一份墙报。即使年老，他仍十分热心公益。当时八十高龄的他还持有义工证，他自称是"广州最老义工"。于是每次办完墙报，他都会自豪地署上自己的大名："八十岁义工。"他还关心老人院内老人的生活。你可知道，他曾因老人院内伙食太差带领过其他老人对院方进行抗议。年老并不代表衰弱，冯老师正是用他的付出和积极向上的态度，战胜了岁月的滚滚向前，将苍苍白发幻化作最美的夕阳红。

不知从何时起，冯老师便有了唯物的思想。他觉得祖先的骨灰留着是"浪费"，就把祖先的骨灰拿去种树。对于自己的躯体，他也认为应该发挥它最大的作用。在一次老人院遗体捐献的讲座后，冯老师便敢为人先地在同意书上签了字。（见彩图图1.2.2）

冯老师是如何从"腐儒"转向遗体捐献的先驱者，没人知道。他也未曾向任何人提起。也许是跌宕的人生历程让他思考了太多太多，也许是他一直不忘读书看报与时俱进，这让他理解了遗体捐献的含义。但这个转变实在是太大了。还记得，梅花香自苦寒来，如此蜕变，他一定历经了许多的磨难与斗争。

但不论怎样，冯老师一直是慈爱的。善于为他人着想，从不伤人，乐于助人。他好似一团不停燃烧的烈火，总是在不知疲惫地奉献着自己，点亮着他人。历史的磨难使他比其他人更懂得幸福的含义，生活的风雨使他比其他人更执着地追求幸福。他对幸福的追求从来没有变过。家国安定是幸福，人人温情是幸福。不论是热心助人还是遗体捐献，冯老师一直在践行幸福的真谛。正是他的身体力行让孩子们明白，幸福的含义就是对社会有贡献，父亲捐献遗体是对社会有贡献的，所以父亲是幸福的。即使多么不舍，孩子们最终也同意了父亲（冯老师）的决定。

冯老师高尚的情操、为人处世深深地影响了儿女。冯老师有一儿两女，大女非常喜欢唱粤剧，近几年信佛，希望在佛学中找到归属；儿子喜欢太极拳，曾任海珠区太极拳协会秘书长；小女也喜欢听粤剧，交谈过程中谈吐也非常儒雅。慈爱热心的父亲使他们气质不凡，更给了他们为人处世、生活的智慧，使他们明白"生活简单，平凡就是幸福"，"对社会有贡献就是幸福"。

更令人感动的是，冯老师不仅自己签署遗体捐献协议，还号召老人院的其他老人也捐献遗体。最终，另外4位老人也在冯老师的影响下签署了遗体捐献书。

冯老师的毅然，令人钦佩，令人动容。热情的心，总好似一团烈火，不但温暖了他人，更温暖了整个宇宙。无私的爱，总好似一道曙光，不但驱走了人心的黯淡，更照亮了整片天空。木棉花的奉献，令人钦佩，令人敬仰。不要叹息花的凋零。你看，木棉因此抽出嫩芽，正随清风飘舞。请你擦去眼角感动的泪水，看万树从此葱葱郁郁，春天就要来了。

信仰的力量
——彭雄辉老师的故事

那是在秋雨后的一次探访，在烈士陵园的凉亭里，彭涛先生正向我们讲述着父亲彭雄辉老师的故事。灰蒙蒙的天气，寒风还夹着些微雨，飕飕地穿透我们的外衣，但我们的心却被彭雄辉老师传奇而炽热的一生所温暖着，照亮着，一点也不觉得冷。

那张黑白的相片，深深地征服了我的心。那是一位帅气而坚挺的硬汉军人，深邃的眼神映射出他坚定的信仰，齐整军装彰显着他非凡的一生。照片后的故事，更是件件都令人震撼非常，感动不已。（见彩图图1.3.1）

只因坚守心中的信仰，他奋斗了一生，奉献了一生。

14岁从戎游击队，18岁海军第一代，23岁荣膺少校军衔，他传奇的军旅生涯令人惊叹。一生清廉，从不利用职权为自己谋私，不汲汲于富贵与名利，尽一己之能接济贫困乡亲。他高尚的品质人格令人动容。如此，只因他是一名共产党员，是一位有信仰有目标的革命军人；只因他曾立下誓言，愿为共产主义奋斗终生。穿上军装，他就是最英勇无畏的战士，浴血奋战，视死如归，创造了一个又一个沙场的奇迹；而换下军装，他便是恪守信仰的共产党员，高节清风，扶危济困，幻化成一首又一首动人的赞歌。

只因坚守心中的信仰，他永不屈服，永不妥协。

一场重病，夺去了他行走的能力，可怕的是病情还在继续恶化。可这个铮铮的汉子怎肯向命运屈服？从不放弃治疗，他每天都会在床上坚持锻炼仍可以支配的肌肉；双拐代替双腿，他坚持挺立行走绝不向病魔低头。心底的信仰告诉他不能倒下，他还希望继续为祖国奉献力量。于是与病痛抗争十余载，他竟愈战愈强，双臂肌肉因此战胜了岁月的萎缩变得刚强有力，顽强意志因此战胜了痛苦与磨难变得顶天立地。好一个铁打的汉子，好一个挺立的巨人！

只因坚守心中的信仰，他早已放下了小我，微笑着，付出着，永世不渝。

早年，他已向家人提出了遗体捐献的提议。他曾说，他是无神论者，他是马克思辩证唯物主义者；他深信，有信仰没鬼神。不顾家人的愕然、不理解甚至反对，他义无反顾，无怨无悔。这位老人，在入党宣誓的那一刻起，早已将自己的一切交给了党，交给了他最爱的信仰。戎马一生，不畏枪林弹雨，没有马革裹尸还，他便在和平年代捐出自己的身躯，为祖国的医学事业挥洒最后的热血。他的爱，多么质朴，多么真切。为了心底那个的信仰，他便完完全全，彻彻底底地奉献了自己。

匆匆地，彭雄辉老师走了。当彭涛先生在父亲的房间里找到遗体捐献的相关资料时，他的心情无法言喻，原来父亲早在15年前就把这些资料整理得妥妥当当。这位满载荣誉的英雄少校，不要风风光光的后事，不要铺张浪费的祭奠。他留下的遗嘱，没有财产的纠葛，只有给党委的一个报告——死后不办追悼会，不给组织添麻烦。即使到了生命的最后一刻，他也不忘初心。

听到这，不觉眼角湿润。激动的心，更是泛起层层涟漪，久久不能平静。闭上双眼，彭雄辉老师故事的一幕幕在我眼前浮现：投笔从戎，热血儿郎；高义薄云，清廉为官；不畏病魔，坚挺乐观；捐献身躯，奉献一生。只因他坚定的革命信仰，只因他对共产主义事业的满腔热血，他的一生从此不再平凡，他的人格从此顶立于世间。若换作我，我不敢想象，惧怕弹雨枪林，难免以权谋私，一定轻易向病魔妥协，又怎敢突破传统观念捐献自己的身躯……对比之下，自己竟是如此渺小，如此可悲。

彭雄辉老师的一生，让我看到了信仰的伟大力量。信仰，她原来是一种勇气，让人不畏风雨，勇敢向前；是一鸣警钟，让人不偏不倚，恪守心房；是一股持久的力量，让人不知疲倦，奔走不息。一旦心中有了正直的仰望，好似迷途的黑夜航行中眺望到一处闪烁的灯塔，从那时起，便有了明确的方向；从那时起，心底便燃起了无尽的希望。原以为信仰只是虚无缥缈的东西，原以为信仰是高不可攀的词汇。而如今，我竟如此贴近地感受着她的震撼，她的力量，她的炽热，她的光芒。我也好想拥抱她，占有她，去照亮、去拯救自己迷茫卑微的生命。

作为一名军人，共产主义事业是他最崇高的信仰。最正直的信仰给予了他最正直的仰望，铸就了他伟岸光明的一生。

聆听了彭雄辉老师的一生，我不再迷茫。作为一名医学生，现在，我也找到了自己的信仰。

重拾起入学那天宣读的医学生誓言！竭尽全力除人类之病痛，助健康之完美，维护医术的圣洁和荣誉。为祖国医学事业的发展奋斗终生，不负彭雄辉老师奉献与期盼。相信有了正直的信仰相伴，我也将沿着彭雄辉老师留下的足迹，坚定向前，不惧风雨，开启属于自己光明无悔的一生。

花开花落，去留无意
——伍智民老师的故事

"最初的诞生和最后的死去一样，都是人生的必然。最初的晨曦和最后的晚霞一样，都会光照人间。"曾看过这样的文字，对于死亡，如此地轻描淡写，却又充满着现实主义。伍奶奶当初如此之轻松地签下遗体捐献的同意书，也许是这辈子一直都种着花花草草，早已对生死有了透彻的理解和感悟。

伍智民老师于北京农林学院毕业后回到广州荔湾区工作，成为一名园林设计的职员。年轻的她在最好的年纪做着自己喜爱的工作，也在最好的年纪遇上了一位性情相投的警察，结婚生子，就在鲜花的芬芳和绿草的清香中，幸福清脆地敲开了她的门。但幸福就像她自己种的花儿，显得尤为娇贵脆弱。丈夫是个刑警，他每次出警执行任务都会让她心头一揪，也许一次意外就可能会夺去这个家庭的幸福。这使她倍加珍惜当下的幸福，像呵护嫩芽般用心地经营每天的生活。幸好丈夫直到退休每次出勤都有惊无险，这让伍奶奶很是欣慰和满足，充满对生活的感恩。

十多年前，从事社区康复工作的女儿表示自己去世后想要把自己的遗体捐献出来，想要征得母亲的同意，伍奶奶不仅认同了女儿的想法而且改变了之前想把自己的骨灰拿来种树的想法，也想把自己的遗体捐献给中山医学院。母女俩当时都说，"人都死了，身体也没有意义了，还不如拿去做点贡献吧！"很朴实的一句话，却实在让人钦佩。在十多年前那个相对保守的社会氛围里，一个老人家能如此洒脱，真是意想不到。当初探访过伍奶奶女儿潘女士的同学们回忆道，感觉在潘阿姨看来，遗体捐赠是件再平常、再理所当然不过的事情，在那时许多赞美和感恩的言语反倒有些不适宜。那个场景就像金庸武侠小说里写的，大恩不言谢！

（见彩图图1.4.1）

之前我们会在想，到底是有怎样的故事或价值观念让人想要去捐献自己的遗体。但这母女俩让我们发觉了自己的狭隘。她们说，就是自己碰巧了解到中山医这边有个遗体捐献站，只是单纯地觉得人死后既然什么都不知道了，那还不如把遗体捐出去，也许还能有点用，于是签了遗体捐赠书，就这么简单。至于亲朋好友对于此事的看法，母女俩是不太理会的。也对，只要自己觉得是对的，何必在乎他人怎么想呢。试问有多少人能和伍奶奶母女俩一样，生命中是充满自由独立和洒脱的呢！

伍智民老师退休后，仍然没有停止对生活独特美学品位的追求。在家经常练习插花，并开始学习打太极，听说打得很不错。但好景不长，伍奶奶在2004年被确诊患有卵巢肿瘤，即使积极跟进治疗，接受放疗、化疗，病情也没有得到控制。这个和植物打了一辈子交道的女人早已见惯了花开花落，也不再去强求生命的长度，去留无意，她希望在最后的日子里还能保有生命应有的美。在征得医生同意后，伍奶奶放弃了痛苦的化疗，回家休养，在丈夫和女儿的悉心陪伴下，于2013年在家安然去世。

女儿说，母亲在去世前，还惦念着遗体捐献的事情，担心丈夫和女儿会有心理压力，不断地宽慰他们。母亲从容地离去就像花儿凋谢般自然，只有追思和悼念，少了那般悲恸和纠结。

虽未曾和伍智民老师见过面，但我想倘若能见到这个爱花草、爱家人，豁达潇洒的女人，我一定要上前请教花草栽培的学问，学学插花，切磋一下太极，她的表情一定依旧很纯粹，内心却拎得清楚，外表苍老，内心纯真。

伍奶奶作为一个大体老师，不仅丰富了我们医学生的头脑，让我们更好地掌握医学解剖知识，还丰盈了我们的内心，希望我们医学生都能像她老人家一样拥有一颗素净之心，共勉！

倾尽所有，倾尽仅有
——王勉予和黄美静老师的故事

人类学认为，"仪式"是一个意味着人从一种状态向另一种状态转化帮我们准备好走入另一种空间、时间和角色的过渡阶段或中间状态。在宗教中，葬礼，这个重要的仪式，作为这一种过渡的状态，也宣誓着逝去的人即将通向他们向往的另一个世界。王勉予先生和他的夫人黄美静女士，这两位虔诚的基督教徒，在生命的尽头却嘱咐葬礼一切从简，仅牧师祷告，将自己的遗体捐献出来。我想，他们已经不需要这个仪式作为一种过渡状态来通向天堂，他们早已在自己的生活中倾尽所有，为身边的人创造出了天堂，而当这对令人尊敬的夫妻要离开人世时，又将他们仅有的躯体献给了医学生。他们心中的上帝早已接纳了他们，葬礼这个仪式也就不再重要了。（见彩图图1.5.1）

王勉予先生年轻时在南京的神学院读书，自那时起，他便追随上帝的脚步，思索着生命的意义和应有的人生姿态。在那个国家动荡、个人命运沉浮，特别是抗日战争期间在军队里当随军牧师的那段日子里，多少次与死亡的对话中，让他笃定了一个人生信条，"不奉献即罪过"。而也就在那段炮火纷飞的岁月里，先生遇到了自己的另一半，同样有着济世情怀的黄美静老师。夫妻俩，一个是牧师，一个是护士，都在自己的岗位上努力着，在战争中将生活的希望播撒给周围的人。夫人经常将自家勉强吃饱的口粮分给挨饿的穷人；先生随军队行军到湖南时，救过一对母女，帮她们安置好住处。一直到新中国成立后，夫妻俩都尽力地在艰难的日子里帮助身边的人好好活着。

然而，有时命运太苛刻了。"文革"波及了先生所在的教会，夫妇俩双双被关起来批斗，大女儿被分到海南岛劳动改造，只剩下小女儿孤零零地留在教会大楼里。直到2008年，他们才被放出来得以和女儿相聚。时代的寒风并没有让王勉予夫妇停止对温暖一如既往的向往，黄美静老师放弃了护士的职业，转而也成为神职人员，与丈夫全身心地投入教会重建的事业中，奔走参加各种慈善事业，尽可能地争取各种捐款，给予需要帮助的人们。如今，当两个女儿被问及对父亲、母亲最深刻的印象时，都说是"大好人"。而就是这样的"大好人"，还是免不了病痛的折磨。黄美静老师积劳成疾，曾患过肺结核，在家休养一年后虽然身体已大不如前，但还是继续积极地参加教会的活动，并担任广州市基督教会总秘书干事的职务。而王勉予先生的病史则颇为传奇，先后竟有13次中风，其家属曾数次接到医院的病危通知书。女儿说，也许正是父亲的信仰才让他的生命如此之坚韧。病魔的缠绕也让先生消沉过，他深感自己奉献给世人的还不够，即使早已倾尽所有，而这对他而言就是一种罪过，常念叨着，"为何上帝给予我那么长的生命，又给予我那么多的疾病？"

夫妻俩携手走过的最后一段路里，他们决定倾尽最后仅有的——去世后捐献自己的遗体供中山医学院学习和研究。女儿回忆道，"父母亲的一生都以乐善好施为己任，乃至于我得知他们要捐赠遗体时居然不觉丝毫惊讶，似乎一切都是顺理成章的"。在最后的时光里，嗜书如命的夫妻俩认真地整理了自结婚后他们收藏的书籍，将它们全都赠与了神学院。他们最珍惜的一笔财富也还是留给了世人。

（见彩图图1.5.2与图1.5.3）

时间静静流淌，上帝也召回了他在世间留下的这两个天使。

先生于2012年去世，享年90岁，夫人没让丈夫等很久，于2013年秋天去世，享年87岁。在这对才子佳人走过的半个多世纪里，不知世间有多少人因他们的存在而备受恩泽。

教堂的钟声似乎还在耳畔，面对先生和夫人紧闭的双眸，总是让人陷入沉思。在他们冰冷的身体上去推敲人生，思绪不断地牵引你去追思他们这一生的风风雨雨，让你手中的解剖刀不禁变得沉重，但不能颤抖。他们希望自己的躯体能通过我们医学生的手去救助更多的人！我们身上肩负着两位老人家太多的期待，即使这医路漫漫，有了他们的陪伴，我们的前行将更加有力。

辛勤一生，叶落杏林
——任春昉老师的故事

"她总是闲不下来"，女儿停顿了一会儿。"那个时候她经常胃疼，两条腿都已经肿成那个样子了，她还总说没事，犟着不肯停下手里的家务活……"女儿苦笑道。

十月刚过，烈士陵园里秋意正浓，刚扫过的路面很快又落满了飘下的树叶。在冷清寂寥的荷花池边，任春昉老师的女儿王宁星女士正给几个中山医的学子回忆她母亲平凡而又伟大的一生。

随王宁星女士对她母亲的怀念，似乎一盒关于这位平凡而又值得尊敬的老师的胶卷转动了起来，放映着任春昉老师辛勤的一生。

（见彩图图1.6.1）

任春昉老师作为两个孩子的母亲，同时还是广州技工学校的一名老师。她在这个职位上兢兢业业了半辈子，循循善诱，诲人不倦，教出了不少身怀一技之长的学生。"文革"时期，学校变成了第三技工厂，任老师被安排回到生产的第一线，她也就变成了一名工人。在这动荡的岁月里，尽管得到这样的安排，她也随遇而安，在工人的岗位上依然勤勤恳恳，默默地奉献着自己的光和热，直到退休。退休后的任老师包揽了家里的家务活，忙上忙下为家人谋福祉。端详着任春昉老师的照片，那一见如故、和蔼亲切的面容让你感觉仿佛岁月的胶卷正缓缓映出这位母亲、老师和工人辛勤的背影，脸颊挂满晶莹汗珠的她，是这片土地最美的女人。

也许是操劳过度，也许是命运的无常，长期胃疼、两腿浮肿的任老师在2011年被确诊为患有低分化的胃癌。入院后其病情恶化得很快，快得几乎来不及安排自己的身后事。女儿是最了解母亲的。王宁星女士想，将母亲的遗体捐献给医学院进行医学的学习与研究也许是最符合母亲遗愿的一种方式，无所谓羞耻辱痛。按照法规，捐献遗体需征得全部直系家属的同意。任春昉老师的家人同样值得让人尊敬，他们很快都同意了王宁星女士的想法。更让人敬佩的是，在签署任春昉老师的遗体捐献同意书时，王女士和她的父亲也决定去世后捐献自己的遗体。在如今，大多数人对遗体捐献敬而远之，而任老师一家人能够毅然决然地选择以身相许，为医学发展创造良好条件，贡献社会，实在难能可贵，可歌可泣。

为家庭和社会劳累了一辈子的任老师最后落叶于杏林，零落成泥，滋养着这片杏林，这也许是最能诠释任老师精神的一个逝去的方式。就像她女儿说的，"一个人与其火化成灰，还不如贡献给医学"。她完全有权利选择沉睡在一片风水宝地里，但她决然地选择了用最崇高的方式，让生命在医学事业中得到无限延长。您生命的重量，足以我们仰视一生。

胶带转到了尽头，岁月的影像最后停留在了任老师宁静祥和的面孔上。曾经跳动着生命韵律的血管已不再搏动，这具不知承载多少生命厚重的躯体即将给稚嫩的医学生们展示人体结构的精细绝伦和生命历程的美妙华章。

　　一位访问过王女士的学生感慨道，"因为有了机会了解大体老师的生前，才能更真切地认识到我们到底为了什么而学习。以前以为自己学医只是个人的选择，我努力与不努力都与他人无关，这只是一份我想要选择的职业而已。直到听到王阿姨的一席话，才忽然醒悟。医生从来就不是一个独立的存在，成为一名合格的医生，来自全社会的培养，而不仅仅只是我的老师，我的大学"。

（见彩图图1.6.2）

　　最好的感恩莫过于行动与坚持。当我们迈入医学的殿堂，我们曾庄严地起誓：我志愿献身医学，热爱祖国，忠于人民，恪守医德，维护医术的圣洁与荣誉。健康所系，性命相托，不为利来，不为利往。永怀赤子之情，律己之心戒非分之想，时刻守住心底深处的医道底线，兢兢业业，清清白白，这是对生命基本的尊重和敬畏。我坚信，只有精湛的医术和崇高的情操，才能肩负起重任和使命，才能报答师恩。我在心底郑重地道声：谢谢！

蚕桑之缘，奉献永恒
——苏大道老师的故事

桑树，其叶可养蚕缫丝，其枝果可入药治疾，其木可造纸制弓。而苏大道老师，就像他终生热爱的桑树，无私地奉献自己的全部，从知识、青春乃至身躯。（见彩图图 1.7.1）

蚕桑之缘

1942 年的夏天，他踏入四川大学农业院蚕桑系，从此和蚕桑结缘。

1949 年的秋天，中华人民共和国成立。他将自己的青春奉献给国家，育桑育人。

春蚕食叶吐丝，桑树春绿秋黄，他经历了四十五个春秋。那些年里，他辗转于各研究所和养殖场，致力于桑树育种的研究。他创立的桑树杂交育种技术极大地填补了我国在这方面的空白，促进了我国桑树科技事业的发展；同时，他不忘教书育人，培养了很多成绩优异的学生，桃李天下。"学生也会经常来看他，和学生在一起他很开心，很享受"，苏老师的儿子苏维平如是说。

红色青春

苏老师和他妻子的感情一直都很好。两人一起经过抗日战争，经过"文革"，遇到过很多困难。即使到 2010 年苏老师去世，他们都彼此支持。"他和我结婚不到一周就被迫分开，七年之后才相会"。苏老师的妻子缓缓说道，视线投向远方，当年的故事仿佛历历在目，"到'文革'的时候，我都被怀疑为叛党，经历了很多不为人知的苦楚，我们依然不离不弃"。（见彩图图 1.7.2）

苏老师对工作的态度很认真，热爱专业，投入科研。他说他不后悔自己做出的选择。对工作如此严谨的他，在家里，对待儿女却像朋友一样，让其自由发展，不会强求他们做自己不喜欢做的事情。苏维平说："我一直都很钦佩我父亲，他给我人生产生了很大的影响，很感谢我的父亲。"

奉献永恒

1987 年的夏日，他退休了，却全身是桑叶香——他还想为国家做点什么。

苏老师是共产党员。生病治疗时，不愿让单位花钱配专车，老师家人便自己买车接送老师去医院洗肾，一坚持就是七年。因为进口药很贵，所以老师从不让子女给他用进口药，"能省就多替国家省些"。

"我想父亲最大的优点就是乐观，洗肾14年，临终前还很清醒，安排好了所有事，享年90岁，成为我们家族又一位长寿老人"，苏维平微笑着说。

2001年的某日，报纸上的一则"捐献遗体给医学做贡献"消息，让他心中又生新叶。夫妻二人义无反顾地决定奉献自己的遗体。"我父亲是农业研究专家，母亲是抗战老革命家，比较容易摒弃传统落后的观念和接受新的思想，对于捐献遗体也都持积极支持的态度。"苏维平很淡定地说着。

2010年的某晚，他走了，却将最后的绿叶献给了新生的桑蚕，愿自己的身体，能让他们学到更多，将来吐丝结茧。（见彩图图1.7.3）

苏老师生前曾这么说过："虽然我不是很懂得遗体的具体作用，但是我知道这样做可以帮助人类，帮助大众，这是作为一个共产党员应该具有的品质，因此我毫不犹豫地做了！"

在文学、哲学等研究中不乏生与死的杰作，震撼人心，催人泪下。我们对生命意义理解的差异，导致我们行动的价值迥异，从而形成对遗体捐献的不同态度。而苏老师作为一名科研人员，更作为一名让人尊敬的共产党员，把自己最美丽的青春献给了他热爱的事业，将自己最珍贵的遗体奉献给那些探索生命奥秘的年轻医生们，更是把自己完完全全地奉献给他心中一直深爱的祖国！他留给了我们一个学习的机会，给国家一个培育人才的条件。他时刻铭记着"为人民服务"的誓词。为了让中国的医学进步，造福更多的患者，在生命的最后一刻，他作为一名共产党员，选择了担当，选择了打破旧俗，勇于当先！他已经超越了自己的躯体，超越了个人的价值，更为深刻地诠释了医学的人文内涵以及生命的意义！

来自中山医学院的年轻学子们感恩无语良师，写下这样的语言：

"在你的生命中时刻准备着去帮助别人，死后同样也是如此。"

"一个人的自然生命结束了，但社会生命依然存活着。"

"始于平凡，安于平淡，终于无私，归于自然。"

（见彩图图1.7.4）

为某些东西而义无反顾
——李载森老师的故事

他,是一位生活爱好者

"我们总会为了某些东西而义无反顾。"

日常生活中的李老师,不仅把"活到老学到老"的治学精神体现在对专业知识的不断钻研上,更体现自己在多个知识面的拓展:从电脑,到集邮,再到绘画,还有医学保健、科技、文学、外语、音乐、花卉养殖、手工技艺,等等,兴趣爱好极为广泛。虽然年事已高,但他对外界新鲜事物的兴趣却丝毫没有减弱,反倒因为退休而有充足的时间去做自己喜欢的、让自己义无反顾的事情。他还在退休后加入了中国共产党,作为一位"老"党员,他积极参加各种活动,在社区里起带头作用,丝毫不比年轻时的自己有些许衰老。

他,是一位严谨的科学工作者

李老师 1929 年出生于广州。在那个读大学乃至读书都甚少的年代,李老师便以优异的成绩考入国立中山大学,是中山大学工学院 52 届的校友,毕业后于 1952 年成为华南工学院(今华南理工大学)电机工程系第一届毕业生。(见彩图图 1.8.1)毕业后曾一度在山西太原从事电气领域工作。

"我们总会为了某些东西而义无反顾。"

为了方便照顾身体欠佳的妻子,李老师把工作一步步调回广州。但他依然孜孜不倦地从事科学技术工作直至退休。退休后,受聘至消防公司从事技术顾问工作。在多年兢兢业业的工作中,李老师获得"从事科学技术工作三十年以上科学工作者"等满满一大盒的荣誉证书(见彩图图 1.8.2 与 图 1.8.3)。

他,是一位有个性的知识分子

作为早期高级知识分子,李老师是一个有主见、思想先进的科学工作者。"平日工作繁忙,常至外地出公差的父亲在家的时间比较少,本人又不太善于表达,对我们的教育方式很严格,以致和家人在一起时经常各持己见而争执。"李老师的女儿如是说。

而在家庭生活方面,李先生是一个好丈夫,也是一个负责的好父亲。他对妻子充满责任感，妻子生病时不离不弃；他对女儿严格要求，恳望她们读大学念书，他在管教女儿方面非常强势，甚至固执倔强。女儿对此虽然曾经极为不满，但是，我仍从她们对父亲生平的讲述中感受到了她们对父亲浓浓的爱。

在李老师的女儿心中，李老师是一位固执、威严、沉默寡言的父亲，在家中地位甚高，包括他的妻子在内都不敢对他说一个不字。

"我们总会为了某些东西而义无反顾。"

"在我眼中，父亲是个说一不二、为人强势，有着军人风格的人。他勤奋好学、严于律己，有着做事只要是想做就一定要做成的性格"，李老师的儿子如此评价自己的父亲。

但在他的同学眼中，李老师与同学关系非常融洽，极高的聚会频率令人咋舌，而且照片中老师笑容满面，看起来十分平易近人。

他，是一位伟大的奉献者

2004 年，李老师产生去世后捐献遗体的想法，由于那有着做事只要是想做就一定要做成的性格，他独自一人了解并完成捐献相关程序，其间完全没有告诉家人，直至将捐献遗体的亲属同意书交至家人面前。

面对老师坚定的眼神，家人都不敢反对，虽震惊有余，但出于尊重一贯强势的李老师的意愿，也并没询问原因或是与他进行交流，大家都在同意书上签了字。

"父亲在弥留之际，还不忘嘱咐身边人，一定要执行遗体捐献的嘱托，他担心我们会改变主意。当我回忆起父亲时，固然是想念伴随着悲伤的情绪蔓延，但如今已完全理解也支持父亲的决意。"

"我们总会为了某些东西而义无反顾。"李老师一生都把这句话作为自己的人生准则。有喜欢或感兴趣的事情，他会义无反顾地埋头钻研；有他应该尽职尽责去做的事情，他会义无反顾地负责到底。（见彩图图 1.8.4）

"我们总会为了某些东西而义无反顾。"李老师因为想要最后再做一点贡献，便义无反顾地捐献了自己的遗体，丝毫没有后悔或伤心之情。他用完整之躯指导与陪伴医学生，用无悔的热忱为医学生在求学之路上填下奉献的基石。他无言，却用身体写下不可或缺的解剖之章；他义无反顾地永远地离开了我们，但他以己之身阐释的教诲在我们心中长存！

医心不朽，温暖常流
——程小育老师的故事

"姐姐很平凡……"这句话一直挂在程晓孜阿姨的嘴边。

"姐姐是典型的土生土长的南方女子，她个性温柔善良，积极乐观，待人和善。在我的心里，她永远是最敬爱最和蔼可亲的姐姐"，程阿姨一边回忆一边缓缓描述着自己的姐姐，目光望向远方，望向很远很远的地方。(见彩图图1.9.1)

一定有些什么，是我所不能了解的

程老师的去世对于她的妹妹程晓孜阿姨来说是个沉痛的打击。每次回忆，晓孜阿姨总是极度悲痛，眼泪从未止住，最后不得不委婉拒绝他人的采访。

"如今三年过去了，当我提起这些陈年旧事的时候，还是控制不住内心翻腾而上的悲痛。"

"三年了，我下班回家都不敢走当年遗体捐赠时的那条路，我都绕路走……"

程阿姨一边用手巾擦去眼角的泪水，一边哽咽着，控诉着命运的不公。

一定有些什么，是我所无能为力的

命运之神似乎从未眷顾过程老师。

生活在"文化大革命"时代的程老师，并没有接受过高等教育，其文化水平不高，高中一毕业就被分配到海南机场油库工作，对渴望走进大学这座象牙塔的姐姐来说，这样的结局无疑是莫大的遗憾。

更大的不幸还在后面。程老师40多岁的时候就下岗了。她一生没有结婚，膝下无儿女，一个人孤独地生活，下岗后，生活变得艰难了。

可是，就连这般平凡简单、在常人看来带着不幸的日子也被老天爷无情地摔得支离破碎。

2006年，程老师被检查出患有血液癌症，她不得不放弃工作来到广州治疗。也许是之前的生活让程老师学会乐观处世，患病四年间，她勇敢乐观地与病魔作斗争。

然而，幸运女神并没有眷顾她，病情最后还是恶化了。

一定有些什么，是我所不能放弃的

临终前，程老师做出了要捐献遗体的决定，这令守护在病床旁边的家人感到很惊讶。病危的姐姐气息微弱，她艰难地说道："我一生平平凡凡，没有为国家做过什么贡献，就让我在生命的最后时刻为国家做一点贡献吧。"

"我的父亲是江西矿区诊断职业病的一名医生。从小耳濡目染，我也深受父亲影响，大学的专业是生物医学工程。由于专业的特殊性，我接触学习过一年医学。毕业后就被分配到广州附属医院担任医院的工程师，负责放射科的机器修复。同时，我是整个科室唯一一个工程师。也许是在这样一个家庭里，我和老父亲都从事着与医学相关的工作，所以才能理解姐姐为什么会做这样令人意外的决定。"

话音一落，程阿姨几欲落泪。

"可是，捐献遗体的过程却使我和年迈的老父亲感到绝望无助。姐姐所在治疗的那家医院不接受遗体捐赠，好不容易辗转找到了红十字会，红十字会也不接受。一想到当时差点无法完成姐姐小育的遗愿，那时候真的要崩溃了！"

但是，当程阿姨每每回忆起命运对姐姐的不公，她和她的父亲还是不愿意放弃，毕竟，这可能是程老师一生中唯一的可以实现的心愿了。

"好在通过不懈的努力，最后我联系到了中山医学院，后者同意接受姐姐的遗体捐赠。捐赠仪式于2010年10月8日举行，尘埃落定，逝者终于得以安息。家人终于了却了一块心病，可以让九泉之下的姐姐微笑安息了。"

命运的不公，程老师的家人是看在眼里，痛在心里。老师早年辍学，中年下岗。若只是清贫一点，倒还过得去。然而老师从未婚嫁，膝下无儿女，肩旁无老伴，不得不孤独终老。而上天似乎觉得这还不够，还让老师患上血癌，早早地夺去了老师的生命。

然而，即使如此，程老师最后还是笑对人生。她从未奢求过什么，仅有的愿望就是舍弃自己的身体，将其捐献给医学院。上天未曾给过她什么礼物，她却始终想着要为国家做贡献，将自己的身体作为仅有的最后的礼物，送给国家。

一定有些什么，是我所不能了解的。

不然，草木怎么会循序生长，而候鸟都能飞回故乡。

一定有些什么，是我所无能为力的。

不然，日与夜怎么交替得那样快。

所有的时刻都已错过，忧伤蚀我心怀。

一定有些什么，是我所不能放弃的！

纵使命运对我不公，我也渴望奉献自己！（见彩图图1.9.2）

尘埃中的花
——杜冠一老师的故事

在这个尘土飞扬的世界里，即使迷雾重重，荆棘满地，您依然勇敢绽放。就像尘埃中开出的花一样，不管外面的世界如何，您依旧绚烂夺目，不濯不染，用自己的生命，给了这个世界最美好的礼物。

杜冠一老师的一生，如同一场独具魅力的舞台剧。出生在抗日战争年代，杜老师小小年纪便加入了抗日儿童团，参加革命。中华人民共和国成立后响应号召，她又积极参与政府工作。后来，怀着不断进修的想法，她成为一名小儿科医生，被授少尉军衔，并随从部队转业到广东。1959年3月，杜老师加入中国共产党，成为一名优秀的共产党员，因表现突出，由组织要求转为政治干部。"文革"期间，她不幸遭受迫害，被审查批判。但即使面对莫须有的罪名，她也一如既往地坦然，始终坚守着岗位。在经历了下放等一系列惩处后，杜老师被安排在广东省人民医院工作。（见彩图图1.10.1）

1969年9月，杜老师从广东省人民医院调到中山医学院孙逸仙纪念医院（现中山大学附属第二医院），从此与中山医学院结下了剪不断的缘分。这位世纪老人见证了中山医及其几所核心附属医院的时代变迁，穷其一生为医学教育和临床工作呕心沥血。即使晚年不幸患癌，她也以乐观积极的态度与病魔斗争八年，创造了生命的奇迹。在生命最后的时光，杜老师立下遗嘱："人总是要死的，如果病情严重、昏迷就不要抢救，顺其自然，以求早日解脱。死后丧事从简，不通知亲友，不搞遗体告别，不开追悼会。我已办妥遗体捐献。"杜老师对一生为之奋斗服务的祖国医学事业有着崇高的热爱与忠贞的信仰，在历经世纪沧桑和人生风雨之后更是对生命及其归宿大彻大悟。即便是身后，杜老师的恩泽亦被及医界后辈，如春风化雨般绵绵不断，润物细无声。（见彩图图1.10.2）

不一样的经历使得杜老师充分体察了自己的人生。作为家中长女，她从小就有着强烈的责任感，一直信仰的是对周围世界的奉献。这是她快乐的源泉，也是她人生的意义。2001年向家人提及有意愿捐献遗体，2005年签署遗体捐献协议，2012年完成遗体捐献，并明确立下不举行遗体告别仪式、不告知他人的遗嘱，她不愿意麻烦他人，不愿意亲友伤心。她平易近人，将人生价值立足于帮助他人。奉献社会是她人生真正的归属。

老师用自己一生不平凡的经历，独到而深邃地剖析了遗体捐献志愿者们所表现出的共通之处——对生命的行程与归宿有着大彻大悟的领会，对人生的本原有着至高无上的信仰。而遗体捐献，恰恰是凝结了他们一生思索的水到渠成的延续，体现了人性的终极关怀与价值。就像一名普通的医学生所说，唯有大彻大悟之人，才能把自己的遗体捐献出来给医学教育事业。或许他有辉煌的人生经历，获得丰硕的人生成就；又或许他只是平平淡淡地过完一生。而能在最后将自己唯一剩下的躯体奉献出来的举动与精神，值得社会所有人的尊敬。因为他已经远离了世俗的羁绊，得到了内心的皈依。

在中国人传统的观念里，入土为安才是生命的终点，是灵魂安息的归宿。但总有那么一些人，超脱了世俗的羁绊，看透了生与死的界限，毅然把终将湮灭的肉身作为他们献给这个世界最后的礼物。当坚信生命的希望不会因死亡而停止时，他们做出了最高尚的选择。生命的希望和力量传递到了医学生身上。当未来某一天，生命被挽救，病人得以痊愈之时，那是他们的精神完成由死到生的循环，那是医学生们牢记了他们的教导，创造新的生命希望。最初的诞生和最后的死亡一样，都是人生的必然；最初的晨曦和最后的晚霞一样，都会光照人间。

无数的大体老师们，这些闪耀着灵魂光辉的人，用对自己信念的坚持，对自己信仰的探索，以及超然的处世态度，和我们结下不解的缘分。这缘分，足够我们在这未来的漫漫医途中，朝着行动的高标前行，哪怕茕茕孑立，哪怕形影相吊，心内亦满怀着医者之悲悯与尚德。

良师无言，大爱无疆；昭泽余芳，永生难忘。（见彩图图1.10.3）

生命的终点
——崔强老师的故事

生命就像是一次不知道终点的旅行，每个人都是行色匆匆的过客，在自己的旅程中奔波。我们不断地前行，遇见不同的风景，拥有各不相同的经历，或驻足停留，或继续奔波，我们的旅程，似乎都只是为了到达生命的终点而前进。但是，在不断的奔波中，你慢慢变老，华发郁积，睡意萦萦时，你记得的旅程，又会有多少？你到达的终点，又会在哪里？

崔强老师，一个普通退休钢铁工人，喜欢旅行，喜欢冒险，喜欢新奇的事物，喜欢用镜头记录下大自然最美好的一面，退休后，崔强老师走遍了大半个中国。见识得更多，经历得更多，就愈能抛弃生活的细枝末节，去感悟生命的真谛。

从某种意义上说，崔强老师踏遍大半个中国的旅行，和每个人的人生旅行很相似。不断地去冒险，去探寻生命的意义，在不平坦的路上找寻生命的真谛。每个人在这样日复一日，年复一年的寻找中到达生命的终点。会有人因为没有找到意义和真谛，选择了平淡地跟这个世界说再见。而剩下的人，在经历过沉淀和感悟以后，将会在生命的终点，发现这趟旅程的意义。（见彩图图1.11.1和图1.11.2）

如果没有后来的决定，大概崔强老师会跟很多平凡人一样，带着家人的不舍和思念，告别这个世界，为自己的人生旅程，画上一个句号。但是，崔强老师并没有就这样平淡地告别，而是成为了发现人生旅程意义的人。从开始旅行的时候，崔老师就一直有遗体捐献的心愿。到后来病重，崔老师在他的遗嘱里交代了三件事情：一是丧事一切从简，不要搞告别仪式和追悼会，花费的金钱越少越好，影响越小越好；二是跟家人做一个交代，不希望家人因他的离去而难过；三是将"遗体"捐献给国家的医疗事业，能用的器官（眼角膜、心脏、肝、肾等）捐献给有需要的人。

遗体捐献是一件并不简单的事情，需要所有的家属同意。为此，崔强老师在住院期间觉得自己时日无多的时候，分别给每个兄弟姐妹写了一封信，每封信上都提及了自己遗体捐赠的心愿，并催促着家人为他联系遗体捐献的相关组织，以及办理相关的手续。最终，子女为他联系上了中山医学院的遗体捐献接受站，为老人家完成了心中的愿望。

最动人的是老人家在生命的终点选择遗体捐献的无私和以身相许的勇气。或许在我们的眼里，遗体捐献是一件需要极大的勇气和决心的事情，是一件很伟大的事情。但是在崔老师和其子女眼中，这只是一件平凡的事情，只是将自己捐给国家做贡献。道家云，大音希声，大象无形。真正的美好，真正的伟大，往往见于最平淡的地方。大德无言，大爱无疆。崔老师选择了用遗体捐献，向世人做最后的告别。他带走的，不仅仅是家人的思念，还有无数杏林学子的尊敬和怀念。

每个人出生的时候，都没有任何的痕迹，或者说在我们身上看不到任何光芒。生命的开始，我们都是空白，而日后的旅程，因为不同的际遇，不一样的风景，让我们的人生画卷上多了各不相同的绚丽色彩。每幅画卷都有其存在的意义，而每幅画卷又在演绎着各自的精彩。我们最后，会带着这样一幅人生画卷，带着属于自己的光芒，迈入生命的终点，跟这个世界，道一声再见。不是每个人在告别的时刻，都带着耀眼夺目的光芒。平凡的我们，大多闪烁着微弱的光。但是，总会有人在生命的终点，看到自己不一样的光芒。或许你只是一个普通工人，一名人民教师，一个清洁工人，你来自各行各业，平时只是过着像白开水一样最寡淡的生活。但是，选择了奉献的你们，无私的你们，让生命迸发了最闪亮的光芒。

或许你会觉得一路的旅程，相似的风景，熟悉的人们，让你的生命之旅显得淡然无味，让你在生命的终点并不能记起什么轰轰烈烈，刻骨铭心的经历。但是，像崔强老师一样的人在我们生活中其实并不少，平凡的人生，不平淡的终点；以身相许的勇气，大爱无言的奉献。我想，老师找到了，生命的终点不应该充满恐惧，充满伤感，而是因为奉献，因为大爱，让自己在生命的终点跟这个世界告别时，不留遗憾。（见彩图图1.11.3）

生命之火永不熄
——曾志斌、陈少娟老师的故事

他们也曾青春年少，用自己的蓬勃朝气，建设这个他们深爱的国家。他们也曾激昂热血，用自己的青春，写下属于这个时代的新篇章。但是，在他们或许不再能够挥斥方遒，指点江山，激扬文字的时候，在他们似乎被我们这个时代一点一点抹去的时候，他们选择了用无疆大爱来纪念和告别——把自己的全部奉献给最爱的祖国。

年少不轻狂

那是一个充满硝烟的年代，国家兴亡，匹夫有责。

1951年，22岁的曾志斌老师怀着为祖国奉献力量的激情，在中华人民共和国成立之初，家境不错的他就抛开一切，响应祖国的号召，同妻子陈少娟老师一起从越南回国工作，为国家的建设出一份力量，并加入中国共产党。

陈少娟老师是水利电力学校的学生，后来成为了女子舰队的成员。而曾志斌考到了水利局的高级培训班，读完就马上被派去海南进行水利建设。在海南的工作并不轻松，那时马路没有，连小路也没有。出入基本都是靠双脚走出来的路，生活艰苦，百废待兴。但是，艰苦的条件并没有使曾志斌放弃，怀抱着对祖国的热爱，曾志斌建设了许多水库，为祖国的建设尽心尽力。（见彩图图1.12.1）

青丝染霜白

即使双鬓斑白，两位老人依然不忘为国家奉献的赤子之心。

2001年，作为第一批申请人之一，曾志斌同陈少娟老师签署遗体捐献申请书。当问起决定捐献遗体的原因，曾志斌说道："因为我们不信神不信鬼，人这一生，有生必有死，生老病死是人生的必然结果，死后火葬就什么都没有了，捐献出我们的遗体还可以为医学作出很大的贡献。我们中国的中医博大精深，就是因为几千年来一直用流传下来的；而我国的西医水平与发达国家相比还有很大差距，其中一个原因是没有足够的尸体进行研究，这是我们国家医学水平发展进程中的一大阻碍。正是怀着这样的想法，我同妻子陈少娟女士决定捐献遗体，为祖国医学发展出力。我认为与所谓的'千刀万剐'相比，火葬也同样痛苦，既然如此，倒不如充分发挥遗体最后的价值，为人类医学事业做出贡献。我希望以后有更多的人能够抛弃封建迷信思想，参与到捐献活动中来。"（见彩图图1.12.2与图1.12.3）

生命不止一抔尘土

2006 年 12 月，陈少娟老师去世，完成了遗体捐赠的心愿。而曾志斌在遗体捐献方面建言献策的脚步也从不停歇。曾志斌对中国医学的发展与遗体捐献的现状都有着深刻独到的见解，他也曾为此于 2012 年 5 月 15 日到信访局递建议信给市长。曾志斌仔细地分析了中国现在遗体捐献事业不乐观的态势和原因，并想出了很多改进的意见。

第一，曾志斌希望国家能够加大宣传力度，在人群中普及遗体捐献知识。

第二，希望可以建立一个公开透明管理的"捐献遗体基金"项目，由使用捐献遗体的机构缴纳一定费用，用此给予捐献者的家属一定的奖励，鼓励捐赠遗体。

第三，现有的捐赠遗体的相关条例和法规需要修正，如由捐献者担负公证费用这一点就不利于遗体捐赠的推广，应由接受捐赠的机构负责这笔费用。

第四，捐赠者纪念碑应建在交通便利的地方，以方便家属拜祭。

第五，希望捐献者纪念碑上加上捐献者的照片，还有捐献者的生平介绍而不仅仅只有一个名字，这样做不仅是对捐献者的尊重，也增强其普及教育意义。

第六，希望推广以"脑死亡"为死亡标准，曾志斌签署的遗体捐献申请书上也写明"要求以'脑死亡'为标准即可捐献"。问起原因，曾志斌认为这样可以使遗体有更大的医学研究价值。

在曾志斌看来，遗体捐献是一个使逝者的遗体发挥最大价值的方法。比起火葬和其他传统的殡葬方法，遗体捐献在给了医学生学习的机会，间接地推动了国家医学事业发展的同时，也成全了一生奉献的老人们最后的心愿，可以让生命的火焰直到最后一刻依然熊熊燃烧。（见彩图图 1.12.4）

从年少时不顾一切奔赴归国只因为怀抱着为国家做贡献的愿望，到后来用自己的热情和青春建设国家，到最后成为第一批签署遗体捐献协议的人，以身相许，把自己的全部奉献给国家。曾志斌和陈少娟老师的赤诚之心，让生命之火在爱心和奉献中传递，永不熄灭。

感谢所有这些老师，用自己生命的光芒，照亮我们医学生涯的前进之路，让我们不再害怕畏惧前方的黑暗。

无语良师，大爱无涯。

高雅纯洁，香如百合
——陈婉娴老师的故事

"接叶有多种，开花无异色。含露或低垂，从风时偃仰"。

百合的杆很长，给人的感觉是那么亭亭玉立，它好像一位少女，清纯，典雅。百合的叶子很长，总迎着微风摇曳翠绿的倩影，在修长的叶子下，花朵绽放得更加美丽。从叶至花，由花到姿，百合花含露或低垂的清新、自然，总不禁令人沉醉，引人遐思。

为了要探访陈婉娴老师的家属，我们精心用手工制作了一束百合花。好巧，陈婉娴老师竟美得好似那纯白百合，清静恬淡、温暖可爱。在人世浮沉中独自优雅淡然，豁达乐观。

圆润脸蛋，柳叶眉弯，柔情双眼配着挺秀鼻梁，潋滟红唇还不忘带一丝微笑可爱。一身藏青色的旗袍，搭着针织外套，散发出浓烈的民国风情……"好美好美"，看着陈婉娴老师的照片，我们不禁感叹。出生于1918年，爷爷还是光绪年京师大学堂毕业生，陈婉娴老师从小就在书香墨气的家庭环境中成长，培养出一身才女气质，温文尔雅，谈吐得体，是名副其实的大家闺秀。（见彩图图1.13.1）

然而，生活并不是一帆风顺。在"文革"的时候，因为陈老师是省级单位的知识分子，并且爷爷曾在黄埔军校工作，隶属于国民党党部，于是当时四五十岁的她也被下放到英德、平洲等荒芜之地，与当地农民一起劳作，吃粗粮，睡茅房。更严重的是，她还时不时会被人批斗，生活很艰苦。改革开放后陈老师才被调回广州，生活才有所改善。

十几年来，陈老师一直保持着写日记的习惯。那些泛黄的纸张，仿佛将我们拉进了那部老电影。结束一天的劳动，她静静地坐在书桌前，在柔和的灯光下记录着生活的一点一滴，时而手撑着脑袋，望着窗外的夜景，心儿又不知飞到哪去。细读她的日记本，里面有每次出去游玩的快乐记录，也有生病难受时的感慨万千。有时还能见她写道，"这周打牌赢得不多"，这使我们一不小心窥探到她细腻柔软的内心。我们都笑了，这是多么可爱的一个老人啊！

陈老师经由家中老人介绍结婚的，她持家有道。丈夫去世后，她留在广州生活了20多年。虽然一个人居住，但她生活作息依然很有规律。她平常喜欢在家煮饭，把家里打扫得干净整齐。习惯了独立自主的她，即使到了86岁的高龄仍然不肯请人照顾。陈老师养育了三个子女，在后来的几年中她和二女潘意珠阿姨一起在佛山同住。她平时勤奋好学，喜欢晚上逛逛街，也经常在小区的公园里打打乒乓球。健康的生活形态使她一直保持着一颗开朗的心。家中的亲戚前几年捐献了遗体，加上电视节目遗体捐献的宣传，让陈老师萌生出了捐献遗体的心。

深山本是人迹罕至之地，野百合却在那安然盛开，以素衣姑娘的姿态独舞。年年花开花谢，无人来折一段花香，亦无人来心疼其零落成泥。她只顾着去绽放自己素雅的心，去带给自然一份灵动，未曾想过去刻意讨好谁，也未曾想追名逐利。她只以最真诚的心在山间舞出最真实的自我，只以最美的素颜活着。知识可以改变一个人的素养，即使路途曾经多有坎坷，环境曾经多有恶劣，也无法改变陈老师内心的朴实无华，高贵纯洁。

看着照片上那百合花般的面庞，我们仿佛穿越了时光，看见陈老师从民国时期身姿袅袅地走来，经历"文革"，遭遇流放，却仍能保持一份雍容乐观的气度，积极面对生活，笑看人生，感激所有，纪念所有。

百合的花语是高雅纯洁，在基督教里一直被视为圣母之花。陈婉娴老师，亦正如百合般，香气缭绕，抵挡外界的困苦，保持不被污染的纯真，安然，寂静无声。

施比受更有福
——熊冠英老师的故事

歌德说过：若要重视自己的价值，就得给世界创造价值。

人总是渴望拥有一段激情澎湃、轰轰烈烈的峥嵘岁月，在创造社会价值的同时也为自己创造人生的财富。然而却有那么一群知青，在祖国百废待兴的时候，坚守岗位，默默付出，拿着与普通百姓一样的回报，却做着振兴社会发展的伟大奉献。她，就是其中的一员。献给和蔼可亲的熊冠英奶奶。

平淡却不平凡的人生

熊奶奶祖籍湖北，大学毕业后从事财务工作，生性热爱自由的她一直在全国各地奔波，尝试不同的工作岗位。最后，在20世纪50年代中华人民共和国成立初期，熊奶奶选择留在了广州这个南国城市。在那个时候，广州也就那几个大局而已，熊奶奶在广州物资局所属的一个公司管总账。虽然担任的是财务总管的职位，但在那个底薪制、讲求人人平等、"大家一起吃大锅饭"的年代，熊奶奶就像千千万万的劳动者一样，在属于自己的岗位上勤勤恳恳地工作，毫无私心，毫无怨言，默默地实现着自己的价值。（见彩图图1.14.1）

一般人退休后会选择呆在家里，带带孙儿，享受生活。然而，熊奶奶59岁退休后并没有离开工作岗位，而是继续留岗到60多岁，后来她还去了深圳的外资企业工作一直到70岁才回到广州。她比常人工作多了整整10个年头，老人家身体之健康，思维之敏捷可见一斑。

熊奶奶回来之后，怕会增加儿子的生活负担，并没有像很多老人一样选择和儿子一起住，而是主动提出去老人院居住。在老人院的日子里，熊奶奶也是生活得极其健康，每天清茶淡饭，坚持晨运，有时还会帮忙修修花草，和朋友一起唱唱粤剧。最喜欢的是读报和听收音机，有什么新闻她还会给儿子打电话，心里惦记着儿子的安全，流露出浓浓的母爱。她的医保卡除了用来平时买点药之外，从来没有住过医院。一辈子最大的手术可能就是白内障换了晶状体，打那以后，看报纸都不用带老花镜了。

就在她96岁生日的前两周，熊奶奶离我们而去了。这就是熊奶奶看似平淡无奇的生活。而其中却掺杂着彷徨、汗水、失意、欢笑、无私、博爱，互相交织，犹如一本写满人生道理的词典，值得细细品味。

执着而又伟大的决心

熊奶奶捐献遗体的决心在十几年前已经萌发了。"那是一次跟她吃晚饭的时候，她拿出了遗体捐献同意书，一式四份，要求我在上面签字和写意见。弄好之后，她又自己把材料寄去中山医了，批下来的时候是 2004 年。"熊奶奶的儿子叶文麟先生如是说，"可能我像我妈吧，一辈子独立自由惯了，对这些事情看得很开，而且我的父亲是医生，我们都很理解，任何东西也就是一种形式而已，捐了其实是好事，不用难为后辈在清明时到墓园去挤，做人最好就是做到哭着来，笑着走就够了"。（见彩图图 1.14.2）

简单的片言只语，却可以看出熊奶奶一家乐观开明、无欲无求的心态。对于一名默默为社会奉献一生的普通百姓，能下定决心将自己躯体的每一部分都毫无保留的捐献出来，需要多么大的勇气！这也让我们对奶奶愈发的敬佩。

虽然我们老祖宗有着"以去世之人为大，人西归后全尸下葬，并且要烧一些金银财宝让他们走好"的传统观念，但我们认为，所有的大体老师必定能到极乐世界，因为奉献本身就是一份我们难以参透的巨大的财富，没有任何东西比无私奉献来得更有意义。

或许再平凡的时势，都能造就时代的英雄；但总有些平凡的人，愿在波澜壮阔的时代下，用自己的点滴，追随时代的步伐，只愿自己不要失去人生的意义。经历一生，每个人的归宿都应该是落叶归根。或许，遗体捐献，是落叶归根的另一种形式。

无语良师，这是一群特殊的老师，他们没有动作，却带着学生探索人体的奥秘；他们没有表情，却教会学生爱和仁心；他们没有言语，却鼓励学生心存感恩，时刻行善。他们用身躯诠释生命的另一种意义——"施比受更有福"，这是熊奶奶的故事教会我们的道理。

清雨纷飞御柳斜，四方相聚共此时。心存良师无语恩，杏林春暖医者仁。（见彩图图 1.14.3）

一身英雄血，博爱为后人
——邓权民老师的故事

"倭舰专恃'吉野'，苟沉是船，则我军可以集事。"邓世昌沉着镇静，主动迎战日主力舰。"吾辈从军卫国，早置生死于度外，近日之事，有死而已！"为此，"致远"舰开足马力，冲向日先锋指挥舰"吉野"。邓世昌和全舰官兵壮烈牺牲，在黄海留下一腔英雄热血。赤心奉国，忧心天下，诚心正义，敢为人先，这是邓氏家族的优良传统。作为邓氏家族的后人，邓权民老师更是深受先祖英雄事件的影响，满腔热血，一心为国为民，延续着邓氏家族爱国主义的感人乐章。

邓权民老师，1918年出生于广州，爷爷邓佑昌是民族英雄邓世昌的堂兄弟。受家族事迹的教育，邓老师兄弟姐妹5人都纷纷加入黄埔军校，继承先祖遗志以报效祖国。后来抗日战争打响，他们都投入与日军的战斗中。最令邓权民老师扬眉吐气的，就是在1945年抗战结束时，他还曾接受过一个日军分队的投降。不管是国仇，还是家恨，半个世纪以来邓氏家族的人都从未忘记。此刻，邓老师的心里定是无比的自豪与感慨。（见彩图图1.15.1）

邓老师虽是国民党人，但他既没有参加国共内战，也没有跟随国民党迁往台湾。中华人民共和国成立后，邓老师从事过很多工作，虽生活坎坷，但仍乐观面对。他乐意奉献，耄耋之年还在当地担任法律服务所所长，恪尽职守，为居民排忧解难。同时，他还着手研究邓氏家谱，希望能够把邓氏家族这种精忠报国的英雄精神一代代传承下去。

靠着年轻时在黄埔军校的训练打下的身板，加上一直烟酒不沾，邓老师的身体一直很硬朗，直到终老。早在十几年前，邓老师就与中山大学签订了遗体捐献同意书，希望在自己百年之后仍然能为祖国的医学事业贡献自己的力量。"祖先在战争年代里为国捐躯，我现在处于和平年代，也应该继承祖先的遗志，用另一种方式报效祖国。"邓老师的话无疑是对邓氏家族精神最好的诠释。他不但一生继承先祖遗志，保持自己的拳拳爱国之心，更不忘将这热血情怀传承给他的后代。

"在有生之年，有能力就尽量去帮助他人，同时也要得到他人的帮助。我们邓氏家族身上流的始终是英雄的血，我们也愿意将这英雄的血传承下去，同时也希望国家能够多多提倡英雄主义，鼓励更多的人投身到这个遗体志愿捐献的活动中来！"邓老师的儿子邓浩然先生如是说。国强则家荣，家荣则人兴，邓家的家训深深根植于每个家庭成员的心中，也引起了许多人的共鸣。报效祖国，没有年代的隔阂，也不一定要抛头颅洒热血，誓死马革裹尸还。即使是在和平的年代，哪怕在平凡的岗位勤勤恳恳，或是在国家遇到重大灾难的时候向同胞伸出援手，只要一心为国为民，就值得大家的赞美和称颂。邓权民老师选择在去世之后捐献出自己的遗体，为国家医学事业的繁荣发展尽自己的一份力量，这份坚定的决心和勇气，更加值得我们后人铭记于心。而邓老师的这个举措，不仅仅是践行了自己的最后诺言，而且更是彰显了邓氏家族精忠报国，心忧天下的英雄气概。

"报国何须有疆场，英雄自有后来人。"邓老师的一生就犹如一个热血的红色故事。许多人去世后就为自己的人生画上了一个完美的句号，然而，邓老师却用遗体捐献的方式为自己的故事加上了"未完待续"的结尾，让读他故事的后人都能细细品尝当中的深长意味。原来，无私奉献，赤诚报国，真的可以如此真诚地发自内心地表达出来。"不忘初心，当杏林翘楚"，这或许是我们对大体老师最好的承诺！

"高山仰止，景行行止"，吾辈"虽不能至，然心向往之"。

简简单单平凡心
——陈秀珍、伦广祥老师的故事

生与死，一个亘古不变的神圣话题。"生如夏花之绚烂，死如秋叶之静美"，是人类对生命最美追求；"人固有一死，或重于泰山，或轻于鸿毛"，是人类对死亡价值的拷问。然而，生命的价值不单单在于生命的辉煌或者死亡的壮丽，陈秀珍、伦广祥夫妇正是于平凡之中绽放出不一样的精彩，用质朴行为谱写了那动人心扉的大爱乐章。

结识于抗日的战火，青梅竹马暗结情愫。十多年奔波流离，心儿却越靠越紧，二人也最终步入了婚礼的殿堂。从20世纪20年代到现在，他们经历了中国历史上最为动荡的时期：抗日战争、解放战争、新中国成立、土地改革、"文化大革命"……其间有悲有喜，有欢笑、有泪水，历经曲折的两人却依旧能照顾彼此，相并相守走过了几十个年头。社会从封建到开放不断变革，他们的思想也逐渐由封建变得开放。在某次散步路过中山医学院门口，夫妇二人恰巧看到学生在进行遗体捐献宣传活动。虽然当时内心深处并不是很接受它，但正是那一次偶遇，让遗体捐献这个想法在二老心里生根发芽。

不幸的是，陈女士先后罹患子宫癌、乳腺癌和肺癌，随之而来是长期诊治和疗养。"疗养中常散步，丛林里拖手行"，在这期间伦先生总陪伴陈女士左右，照顾她的起居，给她写诗，与她谈心。经历了一辈子的坎坷，他们已坦然地生活着。在疗养院的日子里，他们什么都不避讳，谈世事，谈生命，更谈死亡。他们一同追问起死亡的本质，聊到了生老病死以及身后大事。但当谈及遗体捐献时，伦先生似有意动，然而陈女士并不是很认同这种做法。虽不相信鬼神，但一想到如果捐献了遗体，将来死后就会被医学生的解剖刀切成一块块，陈女士还是矛盾了。"身体发肤，受之父母，不敢毁伤，孝之始也"。入土为安的传统观念，延续千百年的根深蒂固，让陈女士最终选择了沉默。

为了尊重老伴，伦先生答应暂时不谈这件事，但却也一直在心里默默地思考着这个问题。直到后来，由于病情的原因，陈女士也与医院、医学有了更多的接触。一次次病魔来临，一次次煎熬治疗，一次次劫后重生……夫妇二人对死亡看得愈渐淡然。伦先生讲："人活一辈子，什么才是幸福？每个人的定义是不一样的。她在我身边，快乐生活着，满足地吃饭，安稳地睡觉，没有痛苦，就足够了。死后，什么都不知道了，谈论死后会怎么样有什么用呢？"在先生的慢慢劝导下，陈女士的思想慢慢有了变化，也了解到解剖并不是之前大家想的那样"乱切乱割"，而是一种有正规要求的医学活动。渐渐地，老夫妻两个人对生死的看法也有了更深层的理解：何不选择遗体捐献，作为一生温暖的馈赠？就从容接受死亡！不去搞隆重的仪式，不去悲痛，不去痛哭流涕，即使死亡来临，生的美好也仍能留在人间。陈女士不再畏惧解剖的"刀割之痛"，老两口也最终同时在遗体捐献同意书上签下自己的名字。

当说到捐献遗体的伟大意义时，伦先生却只是淡淡地笑了。"当时也没有想那么多，说不上什么贡献的，就是捐了……"伦先生轻巧地说着遗体捐献的理由，不过怕繁，从简而已，从没想过要和伟大什么的沾边。夫妇二人从不追求人们的赞美，他们要的，只是生的幸福，死的安宁。遗体将受刀割，他们也不是没有担心过，但如今的他们，更认为这是一件对人对己都有益处的事，不是舍己为人，而是每个人都应该去做的。他讲得如此随意，但世人又有多少通透如此。（见彩图图1.16.1）

在殡仪馆，如陈女士所愿，没有成群的送灵人，也没有繁琐的仪式，简单的手续处理完，接受站就将遗体接走了。正如他在诗中写道"小病早治漫长医，危重绝症顺自然；死后从简登讣告，不设陵墓献遗体；不搞告别和灵堂，一切如常好好过。"或许，不是每一位捐献了遗体的人都觉得自己做了件高尚的事。更或许，他们都会觉得这并不是件极度痛苦的事，觉得选择这样处理自己的"身后事"会更加安心，于死者，亦于生者……

不同的人生态度决定了一个人的生前身后名。而对于死亡的态度每个人又有自己的看法。受到中华五千年传统文化的影响，人们早已把"入土为安"这一传统观念融入骨血，或者说早已变成了一种信仰。一旦试图去改变它，就如取人性命般让人无法忍受。但我们身边正是存在着一些如伦先生夫妇一样的先行者，为我们诠释着什么叫现代意义上的"死得其所"，什么叫"用有限的生命发挥出无限的价值"，什么叫"以血肉之躯化作医学事业的教具"，什么叫"为全人类医学事业的发展做贡献"。他们从未想过自己的行为会为医学做出多大的贡献，也不追求别人对他们行为称赞敬仰，更不会因为旁人的劝阻而搁置放弃。他们只顾默默用一生践行着：不求生得伟大，死得光荣，只求活得潇洒，死得其所……这是怎样的大彻大悟，怎样的一个高尚了得？

在平凡人的大爱中乐于奉献，我相信这样蕴含着豁达与大爱的奉献也可以感染他人。

从不知何为生活，只是生了便活着。
从不知何为快乐，只是活着便笑着。
从不知何为留恋，只是该去便不留。
从不知何为意义，只是人云便亦云。

也许大部分的人的生活状态正如以上所述的那么无奈。可是，我们身边依旧存在着那些热爱生活并同时自愿捐献遗体的先行者们。他们的初衷是简单平常的，但他们却能在一个超脱常人的层面看待生死，幸福地生而平静地死，给医学以帮助，朴素又不凡。他们的心灵又是高洁的，摆脱世俗，单纯地深爱生命，深爱亲人，希望更多的人去认识理解他们的做法。

他们才是生命的大智者。

舍身育才作渡舟
——樊珠、叶慧珍老师的故事

2011年5月1日，樊珠老师身着平时最心爱的衣服，安静地躺在病床上离去。在他贴身的衣服口袋里放着两张相片，那是他和叶慧珍女士各自的证件相片。被透明胶纸紧紧地并排连在一起，背后深情地写着：风雨同舟双五年，爱妻不幸病魔缠；如今解脱回天去，重返银河照九天。

老师灵魂故去，躯体却追随叶女士来到中山医学院，成为一名值得尊敬的大体老师。而中山医学院每年都会招募志愿者，前往遗体捐献者亲属家中探访，寄托哀思，表达对无语良师的感激之情。由此，我们了解了樊珠老师和叶慧珍老师不凡的一生。

伉俪情深　乐对人生

樊珠老师，广东东莞人，后移居广州。叶慧珍女士也是广东东莞人，出生、成长、受教于香港，因日军侵占香港回内地避难。1949年，他们在广州结为夫妇，一同在广州饮食服务公司担任会计，直至退休。（见彩图图1.17.1）

樊老师夫妇一生受过许多苦难，他们都经历过"大跃进""文化大革命"等阶段。反右时期，叶女士被划为"右派"，挂牌、游街示众是常有的事，然而她并不为忤，夫妻二人相濡以沫，坚强地渡过艰难岁月。

而时至老年，叶女士先是被确诊为直肠癌，扩散至膀胱。在年纪大，又有心肌梗死前科的高风险下，她毅然选择了直肠切除术。她说："与其痛苦地活着，不如拼一拼！"术后她通过化疗服药，靠着顽强的意志和乐观的心态，身体有了一定的好转。尽管遭受了无数的苦难，她仍然积极乐观。晚期的治疗过程中，我们都知道那种痛是令人痛不欲生的，可是她从没有吭过一声，家人在病房里陪伴她，不时帮她转身时她还不忘说："好舒服！"在那时，病榻旁的家人都不忍落泪，她还取笑说："你们父子还不是男子汉？唉，看你们那么不舍，我也可以含笑九泉，今生无憾啦！"可是两年后，病魔依然没有放过她，癌症转移为肝癌，她最终还是永远地离去了，享年74岁。

叶女士故去之后，樊老师执意要入住敬老院，家人才知道二人竟早有约定：如果一人先行离世，另一人就入住敬老院，绝不麻烦子女。"那是你妈说的，无论哪个人走了，剩下那个一定要去老人院住。"他坚决地说，家人再三劝阻，也无法改变他遵守承诺的执着与坚持。樊老师从来都是与人为善，心怀感恩。他常常说："一定要记着别人的好，那自己才觉得开心快乐。"每次托人买书都不忘在书本后面记下是谁帮忙买的，谢谢等字句。80多岁的他开始自学画画，画上还会标明是谁一笔一画教的。（见彩图图

1.17.2）樊老师一生最讲规矩，最守纪律。在敬老院的那段时间，每次他要外出，他都会写好请假条，找人批好了再离开，还会在门上挂个"今晚停膳"的牌子善意地提醒护工。他去世后，家人去敬老院收拾东西，还找到一大沓整齐的请假条。他一生做事都是那么认真细致，一丝不苟，为此敬老院的班长感慨地说："他是我见过的最守规矩，最友善的老人！"

以身育才　奉献终生

谈及樊珠老师和叶慧珍女士，东莞的亲戚都称赞他们夫妇的乐善好施。在六七十年代物质短缺、艰难困苦的日子里，他们二人宁可自己节衣缩食，也要接济家乡更困难的亲人。

在生命的最后时刻，叶女士仍想着回报社会。她曾经说过："人啊，一要有欢喜的心，二要有感恩的心，并常常希望把福分分给别人，我们能做的也只有这些了。正是抱着这样一种感恩的心，我和我爱人决定死后将遗体捐赠给社会。"但由于传统观念和世俗眼光，家里人都不赞同。夫妇二人特意写了一篇《我俩的心愿》，说明他们决定捐献遗体的心愿，如日后有亲戚朋友为此闲言闲语和指指点点，就把这份心愿拿出来给他们看。"在里面母亲说现在学生学医很缺乏资源，学不到真正的知识，再加上她也不想离世后给子女们留下麻烦，所以就决定死后把遗体捐献了，也并没有说为了国家、为了社会什么的，只是为了实实在在做人，为了下一代的年轻人能多学点东西。"他们的女儿动情回忆道。

最后，家人对逝者此举，渐渐从不理解转变成一种认同，一种赞成，一种由衷敬佩，最终也被他们的奉献精神和决心所感动，同意了他们捐献遗体的决定。更难能可贵的是，逝者不是一个人捐献遗体，而是夫妻两人共同捐献遗体，这使他们的行为上升到了另一个境界，也更让我们感受到一种大爱，一种忘我，一种超凡脱俗！

永生铭记　追思感怀

在中国人的传统观念中，人死后贵求安宁，还需要完整的躯体载着灵魂永存在另一个世界。在广东，人们修建祠堂以求先祖安宁，福泽后代。所以这也多多少少也造成人们对捐献遗体的避讳。但他们的家人认为，对二老真正的尊重和最大的孝道莫过于尊重他们的决定并完成他们的遗愿，让他们没有遗憾地过完一生。"如果他们的灵魂真的在远远地看着我们，他们一定会为我们对他们选择的理解和尊重而感到欣慰的，也会知道我们时刻谨记他们生前的谆谆教诲，知道我们的孝心和对他们的追思怀念。"

是的，于心无愧，神灵何畏！樊老师和叶女士毅然捐献了遗体，为医学教育事业提供了宝贵的解剖教学资料，而他们的奉献使生命升华，也必福泽后人！有些人害怕先人捐献遗体后没有带着完整躯体辞世而遭先人惩罚而永无宁日，心里犹感不安，不惜为先人风光大葬，修建豪华墓穴。其实，三寸气象千般好，一旦无常万事休！

我们深刻感受到遗体捐献志愿者伟大和无私，或许并非每个志愿者都有过轰轰烈烈的人生，但选择在生命结束后向社会奉献自己最后的光和热，已经足以让人生发出最耀眼的光芒！遗体捐献事业还处于未被大多数人接受的阶段，因此，像樊老师和叶女士这样敢为人先的精神更加难能可贵，他们勇敢地跨出常人不能跨出的那一步，用躯体诠释着生命的真谛——奉献成就人生！

舍身育才做渡舟，他们值得我们永远怀念和瞻仰！

忠诚正气，奉献一生
——周毓青老师的故事

叮咚，叮咚……

门开了，门后慈祥的邱晓玲女士微笑着和我们打招呼。邱女士是这次我们探访的对象，已故的周毓青老师的妻子。"孩子们你们好，快进屋坐下吧。"邱女士热情地把我们迎进客厅，面积不大的居室装饰简朴却很整洁。招呼我们坐下后，邱女士小心翼翼地从书架里抽出一本相册，周老师的一生随着一张张照片和邱女士的回忆讲述展开。（见彩图图1.18.1）

象岗山上第一家

周毓青老师原籍浙江省宁波市，于20世纪50年代随人民解放军南下，迁居广东，至今已60年有余。在加入共青团仅仅一年多之后，于1953年便加入中国共产党。（见彩图图1.18.2）

周老师主要从事思想政治工作，也参与过组织、宣传的工作。早期他在广州市荔湾区党委组织部任职，后应组织需要，调至羊城宾馆（现东方宾馆）党委工作。周老师便像一颗木棉树，扎根在象岗山的土地里。周老师身处要职，任秘书科科长，主要负责接待从党中央到广东视察地方工作的领导，如周恩来、王光美等重要人物。作为广州那所大名鼎鼎的宾馆创办者之一，周老师一家甚至被称为"象岗山上第一家"。退休后，周老师仍自愿参与街道党委工作。周老师不仅是一位老党员，更是一位忠诚的、一心为党的优秀党员，为党工作了一辈子。

一切都要靠自己

"父亲是一位充满正气的人"，在座的周老师的儿子周小兴先生顿了顿，开玩笑地说"如果不是这样我早就成公务员了呢"。

在"文革"期间，周老师被下放到韶关花萍的"五七干校"，此时他的"邻居"就是后来曾经担任中共中央总书记的赵紫阳同志；隔壁办公桌的同志数年后也升职为广东省委第一书记。虽然与多位上层领导有密切关系，但是周老师很少提到这些，也从没有利用这些关系为自己谋过任何私利。讲到这里，周小兴先生还能清楚记起父亲经常教育自己的话："一切都要靠自己，靠自己的努力来创造自己的事业，不能想着靠关系、走后门。"担任领导的周老师并未使用自己的影响为子女铺平道路走后门，周小兴先生毕业后未能获得"铁饭碗"公务员工作，而是在旁人讶异的目光中进入工厂成为一名普普通通的工人。

"他把为人民服务的中国共产党宗旨作为自己的准则，绝不以权谋私，而是处处为别人着想。"邱女士眼里充满追忆的神采。在单位分房时，领导首先把房子分配给周老师，但是考虑到房子有限，他主动提出先把房子让给别的同志，而他自己领着家人住在东山军区山上非常简陋的平房里。

周毓青老师工作认真，有时连家里也顾不上。周老师在任秘书科科长时经常要熬夜写文章、报告、总结等，有时甚至要通宵。周老师更是以这样的标准教育孩子。周小萍先生回忆说有一次他工作马虎偷懒，被父亲发现之后，父亲很严厉地批评了他，对他进行思想教育时说，如果每个人都像他这样偷懒的话，那工厂就无法运行，社会就无法前进，那就不成样子了。自此之后，周先生的工作态度非常认真，一丝一毫不敢马虎，以免愧对父亲的教诲。

以身作则，周老师给孩子们树立了一个很好的榜样，他的言传身教，深深地影响了孩子们。邱女士说，四个孩子都很优秀，都继承了父亲身上的那一股正气。

为社会再做点贡献

周老师是一个活跃而富有精力的人，年轻时参加工作与年老退休后依然如此。周老师退休后生活有规律且多姿多彩，幸福而快乐。早茶、棋牌、旅游以及跳舞都是周老师和邱女士晚年生活的调剂，谈到跳舞，邱女士略带骄傲地讲述，周老师不仅懂得十个舞种，舞蹈还跳得很棒，曾获交际舞比赛老年组的奖项。（见彩图图1.18.3）

周老师身体很好，一向都没有小病小痛。遗憾的是，人生无常，开始时，周老师觉得腹部略有不适，但身体硬朗的周老师却没有去医院做详细的检查。有一次在街上偶遇窃贼，正义感十足的周老师不顾高龄，一连追过几条街道，终于把小偷抓住。

周老师坚持体育锻炼，但这并没能延缓病魔的脚步。周老师日渐消瘦，身体状态每况愈下，等到一年后，在广东省中医院就诊时已是肠癌晚期，住院方十天便溘然长逝。

离去的八年前，周老师悄悄去办了遗体捐献的手续。面对家人的疑问，周老师说："我是共产党员，死后烧了也没用，不如捐出去，让医学生学习，至少还能为社会再做点贡献。这是为人民作贡献，为社会作贡献，为医学作贡献啊！"

象岗山上开拓者，珠江水畔孺子牛。这就是周老师，身为领导，本可锦衣玉食，却一生忠诚，坚守正气，在生命的终点也不忘献出自己最后的力量！

怀中有情，奔跑无畏
——余秋艳老师的故事

2008年4月，市政府、红十字会为遗体捐献人士立碑纪念。彼时湛蓝的天空辽阔而宁静，满坡的绿草在风中微微摇曳，墓碑上，我看到了妈妈的名字——余秋艳。

妈妈出生在一个大家庭，在四兄妹中位列第二。姐姐的身份，使她自小就相对勇敢而独立。她不仅是家中两个妹妹眼中体贴英勇的领导者，同时也是同学们心中温情霸气的大姐姐。

1963年7月31日，妈妈于广东师范大学生物系毕业。在大学期间，她结识了我的爸爸。性格与观念的一拍即合，仿若一缕春风，吹动了彼此懵懂的心。然而，因爸爸患有轻微的小儿麻痹症，他们的相恋遭到家里人的强烈反对。妈妈顶着来自家里的巨大压力，独自提着行李，义无反顾地开始追逐她的幸福。"爱情也许是两个人的一眼情深，但婚姻却是两个家庭的相濡以沫"，在当时的社会背景下，类似的信念如空气般弥漫。保守年代的"忤逆父母"仿若最深重的罪行，瞬间就将两人从天堂带到了地狱，生活的窘迫和心理的压力不得而知。但是，在妈妈眼里，这段岁月却弥足珍贵。她感谢当初的那份勇气，感谢曾经不愿妥协于世俗观念的自己，因为这样，她才可以同自己喜欢的人相守相知，携手到老。时代的桎梏不能成为她追求美好的枷锁，在彼此的理解与关怀面前，苦难终是过去。曾经的她的勇气，曾经的她的坚持，也都在岁月的流逝中，一一得到证明。（见彩图图1.19.1）

年轻人的血气方刚，像刚冲出缺口的活泉，张扬而率性，太阳愈是热烈，它便愈是璀璨。世人羡慕他美好的同时，也担忧着他的未来——岁月也许奈何不了当初年轻的自己，但却可以摆布我们不得不衰老的身心。55岁那年，妈妈因不慎跌倒出现手脚发麻，医生说，那是折断的骨刺压迫到了脊神经，需要做脊椎骨刺摘除手术。手术并未成功，妈妈手脚发麻的程度并没有得到改善，再加上原有的糖尿病和随后的肾功能衰竭，使得妈妈在60岁以后，生活基本就在床上和轮椅度过。爸爸说，他会照顾她，可是他先走了一步，没能实现诺言；我们说，我们会照顾她，可是我们的孩子还小，最终也只能安排她暂时入住老人院。

妈妈妥协了？没有。她似乎永远是当初的模样，永远保持着年轻人的骁勇与活力。她没有因爸爸的离去而郁郁寡欢，也没有因为我们的忙碌而生气怨恨。她开始独自摸索起如何摸索自己的方寸空间，开始忙活起自己的"事业"。糟糕的身体，并不能打倒这个一向无所畏惧的女人。虽然行动不便，但是她的思想却在不断学习更新，她总愿意去接受变化，愿意去尝试新的东西。不知道从什么时候开始，"遗体捐献"的概念走入了她的世界，她开始不断地跟我们强调，在她过世之后一定要帮她捐献遗体。在中国这个

"死者为大"的社会里，也许她的想法并不能得到大家广泛的理解。但正如她往昔追逐爱情的果敢，这一次的她对自己的决定也是毅然决然。因为欣赏遗体捐献这样的活动，欣赏捐献者的勇敢与无私，欣赏传递于人间的爱与希望，所以固执而乐观的她人生中最后一次的"任性"就是希望自己的身躯，不是在大火中无声地化为一捧灰烬，而是能够帮助成就医学，成就未来，成就一代优秀的医生，继续在世间传递一份对爱与希望的执着。

  我的妈妈勇敢吗？是的，我坚信不疑。可是我更加清楚，她的所有勇敢、坚强、独立，都是因为爱。因为她爱爸爸，爱我们，爱这个她生活的这个地方，所以她不害怕别人的非议，不吝啬自己的勇气，所以她可以独自面对，也可以一路坚强。（见彩图图1.19.2）

  （注：本文从捐献者余秋艳老师的子女角度进行口述）

琴 声 不 谢
——张壎老师的故事

他立于峰顶,手持琴弓,微闭双眸,手时而疾速拉动,时而轻缓掠过,如索桥疾行,那样严谨细腻,又那样一往向前;又如心驰于野,那样高昂激扬,又那样宁静致远。他就是张壎老师,我们敬佩的大体老师,一个特别的小提琴爱好者。

与琴结缘

张壎老师是满族血统,他的父亲是当年清朝四品官员,于京城动荡时期逃难到广州,后来经营起一家小提琴厂。张壎老师与小提琴那一生说不清、解不明的羁绊便是从这里开始。

由于职业的影响,张壎老师的父亲对子女都有个特别的要求,那就是要学会拉琴。父亲的要求很高,他曾扬言"不会拉小提琴便不是我的儿女"。在父亲的督促下,年纪小小的他们就要学会费力地把小提琴搬到肩上,下巴夹紧琴缘,左手持弓,一阵倒腾后竟也是浩然气派,直到声音出来的那一刻才打回原形。从吱吱嘎嘎的锯木声,到最后动人心弦的天籁,从开始时被父亲推一步走一步,到最后的情到深处琴声扬,最后,他们兄弟姐妹几人都会拉小提琴,张壎老师更是凭着他对小提琴与生俱来的天赋,成为同辈人中小提琴拉得最好的一位。(见彩图图1.20.1)

琴外有情

弓下丝弦微微颤动,有声之曲娓娓传来,但那五线谱下,另一种旋律,正在无声传承。

正如当时父亲对他的严格要求,张壎老师教自己的儿子张憬宽学琴也是要求甚严。据张憬宽老师回忆,当初学琴的时候,父亲要求他每天至少练习一个钟。他的同学朋友打电话来找他出去玩,都被父亲狠狠回绝,说"不要妨碍我的儿子学琴,等我儿子练完琴后你们怎么找他都行"。每当他不专心开小差,或者耍小脾气不学琴时,父亲都这样告诫"你一天不拉琴,自己知道;两天不拉琴,旁人知道;三天不拉琴,整条街都知道"。张壎老师教琴的严格,也曾经一度引来儿子对小提琴的反感,他不理解为什么自己非要学琴,为什么还非要学好琴。而这个问题,张壎老师自始至终也没有回答儿子,但是看着如今长成的张憬宽老师回忆学琴时与父亲的点点滴滴,我想,也许这就是答案。学琴,只是这个不善言表的人与儿子的一种交流互动,就如当年父亲与他的相处一般。在这个一生与琴为伴，矜持不苟的男人的心里，其实，还有更甚于琴的牵绊。

琴声不谢

  风呼呼，琴悠悠，当年驰骋沙场的少年如今已两鬓斑白，只是战马还在，琴声依旧。

  老年的张壎老师被诊断出胃窦癌，手术后未进行化疗，病情不断恶化。知道自己不久人世，这位老人与那陪伴他一生的琴作最后一次交流，是要将它卖掉，"摆着不用，会没用的"；与那他陪伴一生的躯体的最后一次沟通，是要将它捐献，"死后身体也没有用了，不如捐出去"。好像所有的选择，都是为了"有用"，似乎这样的"唯物"之后，再没有珍惜；好像所有的决定，都如傍晚炊烟，似乎这样的平淡之下，再没有依恋。他总是以喜欢一两句话，匆匆告知初衷，未曾愿意对自己，有过多的解释。

  但是，听，它扬于峰顶，它起于琴弓，它跃于双眸，它在疾速拉动中洋溢，它在轻缓掠过中抒情，听，它在讲述，一个老人的一生，那样严谨细腻，又那样宁静致远。

生 于 忧 患
——刘耀虞老师的故事

"捐献者刘耀虞，男，2011 年 1 月 12 日去世，于 2011 年 2 月 18 日捐献遗体，享年 87 岁。"

天将降大任于斯人也，必先苦其心志，劳其筋骨，饿其体肤，空乏其身……我想，这必是对先生一生最为贴切的描述。（见彩图图 1.21.1）

先生生于军阀割据混战年代，后因抗日战争走难于连县，光复后入读岭南大学，望走科技救国之路。内战重开，他被迫辍学，尝试创立毛巾厂，然因金圆券贬值血本无归，后赴广西开发柴山，结果所托非人。先生的前半生，就是在这样的辗转动荡中度过，战乱、疾病和贫困，无时无刻不威胁着那代人的生存。然而，对先生来说，战乱可以迁徙，疾病可以医治，贫困也可以努力，这些动乱年代致命的苦难，并没有浇灭这个年轻躯体里不服输的精神。反而，令先生最不愿回首那段岁月的，是亲人的离去——家中四兄弟竟仅他一个人幸存。谁也不清楚，亲人的离去对先生到底造成了多大的打击，但是自那之后，先生总是倍加努力，宁愿自己受苦十倍，不愿他关心的人受难一分。

20 世纪 60 年代初，国家经济困难，虽然此时的先生与夫人均是教师，收入也不算低。但是，六个子女以及双方老人的重担，还是令这个家庭每每捉襟见肘。有一次先生在电话店避雨，旁边有人不小心摔了一盒白饭，嫌地上有水有泥不要，先生很是开心，"带回家洗干净又可煮一餐"，他捡起饭，找了报纸小心包好，像小孩得到了一颗糖，兴奋地揣着一路小跑回家。当时，很多人家都因为食物不够，营养不良，全身水肿。先生为了不让家人水肿，想尽办法：用禾秆、蔗渣做成糕、瓜菜代饭，灶台上经常摆着一把红萝卜，作为水果。为让子女们吃多一点，他常常早早谎称吃饱离席，大家吃完才去挖锅巴，被发现后还声称说自己爱吃。可是大家都不知道，当时的他患有胃溃疡，是不可以吃硬饭的。这也许就是所谓的大丈夫的担当，无论如何都要撑起自己的家。在那个途有饿殍的年代，没有让子女们挨饿，也成为先生一生最引以为傲的事。

先生是个物理教师，在子女的回忆中，先生在家里的时间基本都是在备课，他看了大量科技类的课外杂志书本，家里一个书柜一个书架装得满满都是他的教书备课书籍和科技杂志。当时教学的条件非常简陋，他说物理课实验最容易懂，因为他自创了很多物理实验器具来引导学生们学习。"文革"期间，知识分子饱受冲击，被贬为"牛鬼蛇神"，学校因此停课，知识分子的生活也变得异常窘迫。但是，也许是受自己早年被迫辍学经历的影响，或是先生本身就对知识有执着的追求，学校停课，先生就在家里设帐授徒，免费带几个不愿意荒废学业的孩子。在先生眼里，知识分子可以受苦受难，但是知识是无论如何都要继续传承下去。

　　先生一生坎坷，然不妥协，不放弃，终是圆满。如今子女有成，桃李天下，大概是先生劳苦一生最大的慰藉。千淘万漉虽辛苦，吹尽黄沙始到金。先生虽是个教师，但是比起他传授的知识，他用一生诠释不屈的精神也许更为受用。人们常说，坚韧是把利剑，从苦难的炼造中脱鞘而出，愈是艰难，就愈是锋利。我本相信，如今更信。

十年树木，百年树人
——李家树老师的故事

你见过一棵树的成长吗？幼嫩的种子在黑暗中摸索，扎下深深的根，汲取养分，破土而出，再抽出新绿的芽儿，长成枝繁叶茂的模样，最后经历几度春秋，在岁月里安静地凋零，落下缤纷的叶子，回归大地母亲的怀抱。

有时候，看着窗外的葱绿，我会觉得，人的一生，也正如树的一生一样，岁月赋予我们一圈圈的年轮，也让我们因此而成为独特的存在。

直挂云帆济沧海

李家树先生，1937年生于唐山，幼时在北京读书，成绩优异，能力突出，一直担任着班级团支部书记的职位。那个动荡的时代，日本人开始把大刀挥向尚处于启蒙中的国人，战火在华夏大地上纷飞，硝烟遍野。"乱世出英雄"，年幼的先生看到了太多炮火下的无能为力，听过了太多的哀鸿，从小便立志救国救世。

新中国成立后恢复高考制度，李家树先生凭借优异的成绩被北京航空航天大学录取，修习航空、螺旋桨发动机相关知识。此后，他将一生都奉献于螺旋桨发动机的研究，践行年少时的理想。在保定军工厂做技术人员时，他工作踏实，经常到一线去与普通工人一起讨论技术改进的方法；他重情重义，在军工厂出现经济危机，职员纷纷离职时，也坚守岗位，不离不弃；他还有着丰富的阅历，20世纪90年代初曾被外派至法国工作交流，推动了国家螺旋桨技术的国际化发展。同时，他还是随和而严谨的领导，与广大工人一起努力拼搏，兢兢业业。（见彩图1.22.1）

从立志到成才，李家树先生如同那深藏的种子，积蓄力量，直到破土而出，长成一棵参天大树。

吾家有儿初长成

在外，他是获得国务院认可备受尊敬的专家；在内，他是深受爱戴的父亲和丈夫。

对于孩子，他严于要求，不断鞭策，希望他们立志成才。为辅导孩子的学习，望子成龙的他总是先把儿子的题做一遍，再行讲解。如今，大儿子没有辜负父亲的期望，于美国研习中医。而对于一直遗憾没有严加管教的二儿子，他也付出了诸多心血，当孩子想辞职离开军工厂，放弃众人眼中的"铁饭碗"时，他不盲目反对，只秉持顺其自然的态度，耐心倾听，尊重他的选择。

他热爱生活，热爱大自然的美好山河，儿子结婚后，他没有坚持与他们住在一起，而是与老伴游历大好河山，让足迹遍布了祖国的许多角落，安详地度过晚年。（见彩图图 1.22.2）

在枝繁叶茂的时候，把种子洒落大地，精心抚育，培植出全新的生命，让他们在这块土地上生长、成熟，先生用几十载岁月书写"树木"的艰辛与不易。

化作春泥更护花

晚年，李家树先生不幸罹患恶性淋巴瘤，在广州中山大学第一附属医院接受治疗，尽管经过化疗病情一度好转，但其后反反复复，不容乐观。住院期间，先生听闻有关遗体捐献的情况，其后又得知了遗体资源对医学研究的意义及其来源的匮乏，与常人不同，他没有恐惧，也没有排斥，反而很是支持，认为这是他应该做的，可以做的，并于 2010 年 3 月 10 日自愿捐献遗体。

先生说，他只是一名普普通通的人民，捐献遗体也并不是一件多么了不起的事情，而只是一件普通且理所应当的事。

参加大体老师家属探访活动的学生这样说道，每个医学生都会遇到这样一位老师，他们默默不语，却教给了我们其他方式无可替代的知识。他们是可爱的人，也是可敬的人。

李家树先生倾其一生，为国为民，在花甲之年尚抖落黄叶，为哺育他的大地母亲施加养分，让一群对未来的医学生涯尚且忐忑不安的孩子们得以茁壮地成长。

人的一生，正如树的一生。那一圈圈的年轮，是我们从这个世界路过的印记。时光塑造了一棵树，树也以自己的方式改造着时光，让这个世界美好一点，再美好一点。正因为有着千千万万的树，医学沃土才能杏林芬芳，华夏民族才能巍然屹立！

南粤遗体捐献事业的先驱者
——王彻、司徒梅芳夫妇的故事

惨白的病房里寂静得连一根针掉下的声音都能听到。

她伏在床沿，望向床上躺着那人的面容，含笑的嘴角、鬓角的发丝、额前的皱纹，他熟悉的眉眼在苍白床单的映衬下显得格外安详，仿佛随时都会睁开眼来，像往常一样轻声问话——一切都是那么真实，她愣住了神，掌心里冰凉的温度却在暗中酝酿着不安，直到听见耳边儿女轻声的啜泣，这才如梦初醒般起了身。（见彩图图1.23.1）

一通电话，几声交代，她就将这般与他告别。没有葬礼，没有骨灰盒，一群身着白色制服的人推着他离开，而她只能默默目送。头顶明晃晃的灯光投照下来，雪白的墙壁光滑得发亮，在模糊的水雾中，她仿佛看见他走进生命的另一片地。她明白，那个陪伴自己走过几十年岁月的人，就将此离开了，未来的日子，他将属于一群朝气热血的年轻人，以崭新的身份带领他们探索人体的奥妙。而终有一天，那也将会是自己的征程。

故事大概要从60年前说起。

那时，她还是个懵懂的小姑娘，对一切充满好奇。一次偶然的机会，她被调到中山医学院工作，也因而有机会经历了那个这辈子也再难忘却的神圣场景。

那是一节病理生理学实验课，安静的教室里，十几个学生围着一张长桌上课。桌面铺着一层墨绿色的油布，上面躺着一具医用遗体，因为长期浸泡在福尔马林液中，遗体的肤色呈现一种奇异的暗黄色，同时隐隐散发出刺鼻的气味。然而，她注意到没有一个学生露出了畏缩或嫌弃的神情，甚至连窃声私语的小讨论也没有，学生们听得极其认真，或低头做笔记，或探看遗体上老师讲解的部位。她有些惊讶，也许是被学生们的专注感染了吧，她竟然觉得躺着的尸体有种神圣的光芒，第一次，她发现死亡也许不是一件恐怖的事情。

后来，她听随行的朋友说，有学生为了巩固理论知识，甚至会利用休息时间围着医用遗体研究各种器官及骨骼。她又得知，由于广东地区人们传统思想浓，尸体来源不足，学院用于医学研究的人体标本主要是从广西、湖南等地购买所得。在遗憾中，她萌发了志愿捐献遗体的想法，再后来，遗体捐献工作宣传渐广，她与他谈起这个话题，意见惊人地相合。

2002年，征得子女同意，他和她于同年4月8日填写捐献遗体登记表，并将该意愿写上遗嘱，公证明志。

2008年，他生病入院，检出脑胶质瘤，次年，因医治无效在广州逝世，自愿捐献遗体，享年80岁。

之后，她开始投身于遗体捐献宣传工作，积极争取家人的支持，发动周围亲友摒弃传统观念。

她是年逾八旬的司徒梅芳老人，他是已经逝世的广东省第七届人大常委会秘书长、广东省第八届人大常委会选举联络人事任免工作委员会主任王彻同志。

如今，她已白发苍苍，步履蹒跚，却依旧胸怀一颗火热的赤子之心。回忆往昔岁月，她这样评价他，我的丈夫平生并没有做轰轰烈烈的大事，他最大的特点就是平易近人、艰苦朴素、任劳任怨，对革命工作忠心耿耿。他的一生，是奉献的一生，为党和人民的利益做自己应该做的事。

她依旧会谈起那些他们一起相守的岁月，讲起曾经游历过的首都"鸟巢"时兴奋得红了脸颊，在回忆起丈夫逝世的场景时湿润了眼角，但她坚定地说"亲人去世是很难过的，但不是因为送到中山医而难过，为人民作贡献，为社会作贡献，为医学作贡献是很光荣的事情！"（见彩图图1.23.2）

"春蚕到死丝方尽，蜡炬成灰泪始干。"她与他便是那孜孜的春蚕，吐尽华丝，不懈奉献；亦是那不灭的烛光，照亮无数学子漫漫的求医路，继往开来。有人说，遗体解剖的时候会很痛吧，她笑答，送到殡仪馆不也要火葬吗？如果会痛的话，火烧比刀割更痛呢，把遗体捐献给祖国的医学事业，实现人生的最后奉献，是最有意义的事情。

莫说人生须臾之间，白驹过隙，似她与他，热爱而珍惜生命，在耄耋之年活出"年方十八"的优雅与热烈又未尝不可！

落雪红梅，冰心洁玉
——徐玉梅老师的故事

大雪纷落，一簇红梅在凛冽的寒风中独自绽放，红白相映，美得惊心动魄。

——题记

白衣胜雪·仁医

1956年，年方十八的女学生踏入广州中山医学院的大门，成为一名注射室护士，从此与护理事业结缘。从业四十载，她热爱工作岗位，勤勤恳恳，细心认真地对待每一个病人，出诊风雨无阻，赢得了病人的尊敬。

"我打了近四十年的针，没有打错过一次，因为每一针下去都人命关天。"着一身圣洁的白衣，借一双灵巧的双手，四十载岁月，她走过平凡岁月里的悲欢离合，也看过生死线的惊心动魄。零失误的奇迹，是她勤勤恳恳的勋章，也是她尊重生命的最好证明。她是慈爱的提灯女郎，用轻盈的身影，无言的关怀，带走患者的痛苦。在生命无硝烟的战场上，她以微笑为三月暖阳，融化严冬寒冰；以心血为无声春雨，滋润贫瘠旱地。

"余谨以至诚，于上帝及会众面前宣誓：终身纯洁，忠贞职守，尽力提高护理之标准；勿为有损之事，勿取服或故用有害之药；慎守病人家务及秘密，竭诚协助医生之诊治，务谋病者之福利。谨誓"。百年之前，弗洛伦斯·南丁格尔开创护理事业的先河，百年之后，她的继承者踏着她的足迹，用奉献与热爱高歌生命。

三春阳晖·慈母

她与他，相识于1960年，共同参与支援海南岛铁路建设的两个年轻人一见钟情，相谈甚欢。不久，他们组建家庭，诞下可爱的子女，四口之家，其乐融融，生活虽平平淡淡但也自有情趣。

然而，上天似乎总是不乐于成人之美，1970年，幸福的家庭被一场突如其来的意外打破——远方出差的他因乘坐的火车翻车而不幸牺牲。彼时，她仅仅28岁，还沉浸在花好月圆的美梦中，却被迫在一夜之间长大。她知道，未来的路很难走，作为母亲，她将面临着独自抚养子女的困境；而作为长女，她将一人承担起原生家庭的经济重负。无数个奔波的白天，无数个失眠的夜晚，她绝望过，怨恨过，却没有停留在哭哭啼啼中，只抹干眼泪，收拾行囊，带着年幼的孩子辗转返回广州铁路医院，继续护士工作。在那段最困难的时光里,她一面要寄钱赡养父母,供两个妹妹读书;一面要抚养两个孩子,教育他们成才成人。她用自己瘦弱的肩膀扛起了两个家庭的幸福,不逃避,不放弃,以言行举止诠释人定胜天的含义。

蜡炬成灰·严师

时光慢悠悠地走,不知不觉中,岁月的画笔染白了她的发,弄皱了她的额头。一眨眼,她已是六十几岁的老人了。然而,退休生活并没有想象中的闲适。女婿患胃癌住院接受治疗,她看着女儿哭肿的双眼,心疼而又无奈,焦急之下,脑出血发作,她再一次被推向生命的悬崖。经过子女多方求医,昏迷近一个月的她终于醒来,只是身体半边却瘫痪了。

从此,她在家人的照顾下生活。在2010年7月6日,她安详地离开这个世界,悲痛的儿子代替她申请捐献遗体。"虽然遗体捐献这个事,不是我妈妈亲自做的决定,但我了解我母亲的心,我相信她是非常愿意的,我也觉得她能配得上这样的荣耀。"回忆母亲当年的事迹,已至中年的儿子依旧泪满衣襟,他说:"后来我去了遗体捐献者的公墓看到那个刻着我母亲名字的碑,虽然没有骨灰,也没有什么鲜花,但这已足以让我母亲一直无私奉献,平平凡凡的一生完美落幕。"受母亲影响,他要求家人,如果以后自己面临类似的情况,也无须抢救,直接将遗体捐献给中山医学院即可。

"一个医生要先解剖自己的内心,才能解剖别人。"徐老师的儿子杨先生对前来采访的学生们说。这是他对所有砥砺前行的医学生的殷殷期望与要求,也该是无数无私捐献遗体的大体老师的真实心愿。

是谁说,人生不是罗马大道,你总得磕磕绊绊。又是谁说,生命是那翱翔高空的雄鹰,愈战愈勇。徐玉梅老师七十年的生命,也许只是漫漫时间长河中微不足道的一段,但她踏过荆棘遍野,留下遍地芬芳,如那傲霜斗雪的红梅,不屈不挠,亦如那纯正的玉器,谨记作为一名仁医、慈母的本分,奉献一生。唯愿她在天堂获得永远的安详平和,也唯愿所有的医学生都能心怀感恩,不忘初心!(见彩图图1.24.1)

我 的 母 亲
——刘兴会老师的故事

前言： 在探访众多捐献者的过程中，我们深深地认识到，遗体捐献者不仅仅成为了我们伟大的老师，更多的是作为父亲、母亲、和蔼的老人活在人们心中。本文从捐献者刘兴会老人的子女的角度进行记叙，让我们了解不一样的大体老师。

我的母亲刘兴会和其他众多的广州市民一样，平平静静地过完了自己的一生。和别人不一样的是，她在去世后捐出了自己的遗体。

母亲于 2011 年去世，终年 67 岁。去世前的五个月，她就已经办理好了遗体捐献的相关手续，并且和我们家人探讨过关于百年之后的追思会等问题。因为很久以前就有遗体捐献的意愿，在知道自己肺癌晚期并且接受一些治疗但效果并不好后，她再次提出遗体捐献。这一次，家人不再像以前那样反对了。2011 年 8 月 4 日，她终于捐出了自己的遗体，希望医生能通过研究，促进医学事业的发展。

儿时磨砺

我的母亲刘兴会原籍四川，小的时候她的父亲就去世了。这件事情给她年幼的心灵带去不少震动，"觉得自己不懂这方面（医学）的东西"，在心里就有个愿望，"希望能多了解一些医学方面的知识，对家人有更大的帮助"。可是她自己又害怕解剖，心里的坎总也过不去。最后没办法，性格原因使她做不了医生，她也就不再往这方面想，但是心里总是有这样的愿望。以至于在以后的时间，当家人报考志愿的时候，她总是会极力推荐我们去就读医学专业。

我的外公去世得较早，当然家里条件也就不会特别好过。母亲在家里排行老二，按照她自己的说法就是"夹心阶层"。上面的哥哥家务事不管，下面又有比自己小的妹妹，"能者多劳"的母亲只好自己多做一些事情。于是她从小就很独立，做事麻利。如果按照现在的标准评判，可以算作半个女汉子。

"辣妹子"的生活环境，从小培养的独立精神，使母亲有了一般人没有的直性子和豪爽作风。当水电施工单位去她的家乡招人的时候，很少有女孩子报名，因为水电施工单位就像吉卜赛人一样，做好一个水电站就换一个地方，住的是在半山腰上荒无人烟的地方临时搭建的住房，况且工作的地点又是在云南，距离家乡又远。但母亲还是报名了，她知道这种情况还是要去，她说她要走出去。

云南工作

我的母亲在云南工作的时候正值"文化大革命"时期,那个人人自危的年代里,母亲不仅收获了爱情,还做了令自己最自豪的事情。

和王小波浪漫主义笔法不一样,现实中的革命时期的爱情是冒着极大的风险的。我的父亲是 66 届的大学生,电力学专业,分配到了云南,和母亲在同一个单位,当时两个人还不认识。父亲因为一些小事被关了起来,做劳动监管。当时很多人都觉得这个人挺危险的,唯独母亲写了一封信给他。当时父亲就在想这个女人怎么胆子这么大。母亲说她知道他的想法不是坏的,他是一个好人。

结婚后的母亲在云南有了两个孩子,我和我的弟弟。当时很多去云南的大学生都已经回到了原来的城市,母亲觉得云南这个地方对子女以后的教育成长不好,就想通过父亲的关系,调回广州。当时因为走的人很多,水电局就设了要求,只能调走一个人。当时父亲挺犹豫的,但她性格里就很坚持,调一个也要调,自己带着 6 岁的小儿子留了下来。后来别人也觉得一个女人带着孩子挺不容易的,就放她去了广州。后来母亲说如果当时没有这么坚决的话,可能就一辈子呆在那里了。这是她觉得特别让自己自豪的事,这也是典型的中国妈妈的想法。

广州生活

调回广州后,当母亲 40 多岁的时候,有一天她从外面拿回来一份"不知道什么东西"跟父亲商量。当时我还很小,只记得当时两个人大吵了一架,因为从来没听说过遗体捐献这种东西,我就记住了这件事。现在回忆起来,母亲那么早的时候就想要遗体捐献,可能跟她小时候父亲去世得早有关系,再加上那时候我的奶奶患了直肠癌,这件事情可能让她想起了一些事。但因为家人的强烈反对,之后母亲一直没有给家里人谈起过遗体捐献的事。当时母亲在一家单位上班,因为自己说的是普通话,而其他人都是说的白话,感觉"瞧不起自己",好强的她就去读了夜大。母亲非常好学,这种东西就好像是骨子里的。她早年就有写日记,而且还学电脑,玩 QQ、手机等跟家里人聊天,也会经常上网看帖子。虽然母亲的学历只是大专,但她在平时生活中学到的和表现出来的一种精神已经超越学历,虽然她不会对家人讲遗体捐献这件事,但是,她可能在日记中已经一次一次地和自己的心灵进行过交流,一次一次地同自己探讨是否进行捐献,并可能在确定了遗体捐献后又一次一次地提醒自己,不要忘了这个愿望。有些东西,你虽然嘴上不说,但不代表你忘记了。

身患重病

人们都说"天若有情天亦老",无情的上天总是会给好人带去痛苦。

最初刚患病的时候,母亲的本意就是不去治了,因为想给家里多留一点钱。还是在家人的坚持下接受了治疗。但经历过这么多的治疗,她自己也有点失望。这一次,她又把埋在心底多年的愿望提了出来。可能是自己的病让她感受到治疗疾病的困难,可能是抱着对医学未来的希望,或者是自己的病又让她想起了自己的亲人,想起了未来许许多多可能会患病的人,或许也曾做过一个童年的梦,或许只是望着身边的"病友"感慨万千,总之,她跟我谈捐出自己"很多毛病"的身体的事情。"既然已经试过这么多东西了,没有办法在别的方面对别人有帮助了,只剩下这个身体。"当时母亲的想法很强烈,家人觉得如果再反对的话,实在是太残忍了。在母亲拿来了遗体捐献协议书之后,我考虑到自己的父亲可能会反对,跟家人商量好"老爸签了我们才签"。3月份签了协议,交给了中山医学院。6月份,母亲走了。(见彩图图1.25.1)

后 记

刘兴会老师是一位真正的勇士,也是执着的理想主义者。幼时种下的念头,她不仅没有遗忘,而且还默默守护,最终成功地实现了它。任何一种事业都值得人们去奋斗,不论成败;任何一种信仰也都值得我们去尊重,没有贵贱。感谢这些默默付出的人。

杏林师者
——鲍燕华老师的故事

黄伯伯的母亲鲍燕华奶奶于 2011 年去世，享年 88 岁。老人家生前就自己去申请了遗体捐献，以至于后来黄伯伯他们做小辈的知道后都很惊讶。这样大年纪的人思想能如此开通，这是让所有人都惊讶与敬佩的。的确，自立自强，勤俭节约，与人为善，无私奉献，这样的精神贯穿着鲍奶奶生命，并始终如一。

自立自强，勤俭节约

鲍奶奶 1923 年出生于上海，她家境优越，出身名门，自幼生活条件十分优越，但这一切却因她母亲的早逝全都改变了。她的继母不但冷落她，还不让她上学，扣她在家里做家务。父亲在报社工作，白天在家休息，夜晚上班，于是鲍奶奶也没有机会跟他说话，更没办法让父亲知道自己的艰难处境。正是这段童年生活的艰辛，让她在后来的生活里更能理解他人的不易。缺乏母爱的童年，让她在有了孩子后，不由付出了更多的爱。（见彩图图 1.26.1）

而后，鲍奶奶从上海嫁到了广州，并在广州组建了自己的家庭。婚后的她也度过了人生中十分快乐幸福的一段时光。但时势的命运弄人，谁也无法阻挡历史的洪流。解放战争中，国民党节节败退，鲍奶奶的丈夫身为国民党高官，难免受到波及。然而，注定是命运对她的考验还不够，上天让她又经受了一段艰苦的磨炼。鲍奶奶的丈夫因为过于刚正耿直得罪了当时的领导，并遭到了报复。当广州市要让"七类人员"返乡时，领导以他曾是国民党军官为由，要遣送他返乡。虽然他尽力去争取，但终究还是在"文革"中被送进劳教所。此时生活的压力全部压在鲍奶奶一个人身上，一直作为家庭主妇的她，不得不出来找工作支持整个家庭。好在，鲍奶奶能写能算，很快在街道工厂找到工作，并得到了居委会主任器重。虽然生活艰辛，但她还是毅然以一己之力支撑了整个家。

打倒"四人帮"后，鲍奶奶的丈夫回到了家，并在后来的广东省省长的帮助下平反，成为煤炭工业厅的离休干部。家中日子也渐渐好了起来，鲍奶奶也从街道办退休了，真正过上了衣食无忧的清闲生活。然而，鲍奶奶勤俭节约温良恭俭的品德习惯并没有因为生活条件的改善而有丝毫改变。儿子们曾多次想给鲍奶奶办生日会她都没同意，她生怕铺张浪费，最后只答应在她七十大寿时庆祝一次。

与人为善，无私奉献

因小时求学未成遗憾颇多，鲍奶奶十分重视对几个孩子的教育，"与人为善"是她最多的一句教诲。也正是因为奉行着这句话，她到哪里都会受到欢迎和优待，邻里街坊对她评价也很高，这对孩子们产生了很大的影响。

鲍奶奶于2011年7月19日去世。应她本人遗愿，在她去世后孩子们将她的遗体捐献给医学研究，并按照她生前嘱咐，丧事从简。家人仅仅在《广州日报》一个角落刊登了母亲离世的讣告，以通知各亲属。后来也只是在家里开了一个简单的追悼会。在鲍奶奶去世百日后，她的儿子黄伯伯作了一篇《祭母文》以表追思。

黄伯伯很诚实地谈到，他们一家人一开始都没办法接受鲍奶奶的决定，都坚决反对。但是鲍奶奶坚持和他们说"要与人为善，只要是对社会有好处的事就要做"，一如鲍奶奶一贯教导他们的那样。最后，黄伯伯他们弟兄三个都尊重了鲍奶奶的决定。相较于现在社会上的那些老人生前不孝身后事却办得无比隆重的人，黄伯伯一家显得特别开明。黄伯伯不是不怕其他人说三道四——认为他们家人不孝顺，不愿把老人的葬礼办的体面些。但是黄伯伯尊重鲍奶奶的决定，也理解鲍奶奶捐献遗体的无私。遗体捐献需要直系亲属全部同意，鲍奶奶遗体捐献的决定得以执行，也是全家人的无私精神的体现。

鲍奶奶不仅用自己的躯体教会我们医学的知识，更是用自己的一生传承奉献的精神，她无愧为一位杏林师者。自立自强，勤俭节约，与人为善，无私奉献，愿这样的精神能伴随鲍奶奶的奉献传承下去，让更多的人了解这世上有那么多可爱的人！

人间日月去如梭
——章立民老师的故事

年少时,便已经学会了在作文里添上"岁月如梭"几个字,后来读起,任谁看了都是为赋新词强说愁的惺惺作态。而当有这样一位老人,真真正正经历了风雨,体会人间岁月匆匆,却没有惋惜青春不再,而是潇洒地将最后的一切奉献,便让人不得不钦佩。章立民老师便是这样,纵是人间岁月去如梭,也得最后的自在洒脱,得身后的敬仰缅怀。

以身许国,何事不可为

章立民老师自小在私塾接受教育,以身报国的想法可以说早早就深入心中,青年时期就参加革命,并加入中国共产党,早早被委以重任。然而时代弄人,章老师在20世纪60年代初也受到"文革"的影响被批斗、被下放,但是当一切平反之时,他还是回到了原来的岗位上,继续以自己的才华和实干为国效劳。

在儿子的眼中,他是一个清官、一位实干家。曾经的困苦不能改变他的信念,数年的低谷更坚定了他的意志。他为人内向低调,大公无私,对工作一向兢兢业业,勤勤恳恳。开会要节省时间,少说空话;做事要踏踏实实,不得疏忽。这样的老先生本身便已赢得了许多人的敬佩。而在章老先生退休后,儿子口中提到的遗体捐献,却让他发现,自己还可以以另一种方式继续奉献生命的力量。他说"这也算是我在人生道路上最后一次为人民做出贡献",于是便将"不开追悼会,不向遗体告别,遗体无偿捐献给国家"坚定地写在了遗嘱中。

施比受更有福

若说一个人的力量可以做些什么?章老先生的儿子可能会说可以助人于危难,可以教人以向善。

在章老先生儿子章剑冰的描述中,呈现出的不再是一个单薄的名字,一份冷冰冰的纪念,而是一个鲜活可爱的老人。章老先生一向为人热情大方,会不计回报的接济他人,也会自掏腰包呼朋唤友只为相聚一时。在他对儿子的教育中,能广施善意,行举手之劳自然也是自己的福报。正是这些多捐献者身上的无私大爱,也让医学生们无时无刻不提醒自己,待人以尊敬真诚,治人以严谨负责。

人间离别未为愁

每一位遗体捐献者的背后，都有自己的故事；每一位大体老师的身上，都活着一段人生，而章老师的采访中，最吸引人的想必是他的洒脱豁达。

虽然老先生曾深受"身体发肤，受之父母"的儒道影响，但经历风风雨雨之后，在老先生看来，人生不过数十年，何必过于紧张小心？能把遗体捐献，倒像是将自己所有美好的青春奉献给了国家和人民。这样的离别，只是生命的暂告段落，却是意志的又一种启程。

不仅先生本人如此，他更是将这样的想法传播给他的家人。章先生的夫人是一名护士，更是能深刻理解遗体捐献对医学的重要性，不仅支持他的决定，最终自己也在捐献书上留下坚定的一笔。而他们的儿子，不仅自己支持捐献遗体，还通过各种方式，以自己的力量宣传遗体捐献，他说"当有一天，我虽离你而去，我的身体却将会对人类医学有所作用。那么，我在生时，对人类、对社会没有什么奉献的，可我死后，我把我仅有的、剩下的，全部献给这个世界，这就是我还在活着的时候、在我死去的时候最为值得骄傲一件事情！谨以此影响并带动活着的人们踏着我那没有生命的身体前行"。人们尽道离别最是人间愁苦，但是在章先生一家人的身上，却也看到了精神的传承。

这样的一位老人，他献身报国的觉悟，乐善好施的情怀，尊重生命的精神，都值得我们深深敬仰，而也恰恰是这些，正是他人生精彩活过的最好证明。（见彩图图1.27.1）

第二篇

高风亮节

　　本篇收录了6位已经办理捐献登记手续，但本人还健在的志愿者的故事。他们只是众多遗体捐献志愿者的缩影，他们中的绝大多数都平凡而普通，然而，他们在有生之年决意把未来生命终止的身体奉献给社会，他们用最实际、最直接的行动诠释了科学精神和人间大爱。

毕生良师邓老先生
——邓老先生的故事

印度诗人泰戈尔有诗言:生如夏花之绚烂,死如秋叶之静美。这是一种看重生命价值,看淡生死,平静自然的生命观与价值观。而这句话,也是邓老先生的真实写照。在如夏花般的生命中时,老先生怀着丹心与热血,一心为国家建设奉献自己最好的年华与才华;在未来,老先生仍希望能够尽自己最大的能力,给世界留下最大的财富。

老先生身上有很多的优秀品质,值得我们每一个人瞻仰。

他即使一个人,生活也总是与闲适快乐相伴。

每天清晨,也许窗外还没出现第一缕阳光,鸟儿还没开始第一声啼叫,老先生就已经从睡梦中醒来,为自己细细准备早餐,再读读今天的早报。方正的文字,灰灰的纸质还带着油墨的清香,他细细地读着报纸,当今社会的一举一动仍在牵动他的心跳。下午稍稍午憩养神后,老先生拿着他的相机出门溜达,去把心仪的画面收入自己的眼眶,也收入自己的相机里。钟爱旅游的老先生,偶尔还会挑一段适合的时间去遇见美丽的风景。老先生对字画也有一种衷心的喜爱。每每读报时,他都会留意有关字画展览的信息,一旦有了心仪的展览,展出那天他总会带着他的相机早早地赶到那,拍下自己喜欢的字与画,久久欣赏。关注美,寻找美,发现美,老先生的生活清闲但不无聊反而充满了情趣。一个人的生活并不孤单,有自己浓厚的兴趣,闲适与快乐会是你永远的朋友。

看淡生活的纷扰,珍重彼此的情谊。

老先生已是杖国之年,一生中经历的事情足以说上几天几夜给后辈听。经历得多,老先生对世间的纷纷扰扰也看得淡了很多,但对于人与人之间的情感,老先生始终珍视。与其喜结良缘的妻子,相伴他闯过了人生的风风雨雨,一起面对生活的艰辛,也一起分享成功的甜蜜。如此相伴,彼此已是生命里不可或缺的一部分。然而,纵然人间情重也抵不过如梭的岁月。悄然的病痛,妻子先行一步,老先生内心悲痛万分。但他并没有一直沉浸在悲伤里,而是以另一种方式来怀念自己的伴侣:他把她放在自己的心里。在老先生的心里,感情是一个人活着的时候才得以维持的,要好好地珍惜身边的人,珍惜现在所拥有的感情,而人走了以后,最大的思念和怀念,就是把他放在心上,这样比任何物质上和形式上的牵挂好得多。没有什么隆重的纪念仪式,老先生只是在家中摆放着她的照片,简简单单,却透露出他心中对妻子深沉的怀念。

从小看着长大的小孙子,也是老先生最为疼爱的人。照顾小孙子长大的那一段时间更是他最为怀念的幸福时光。现在小孙子远在他国求学,与他隔着望不到头的太平洋。每当老先生想起小孙子,嘴角总是泛起淡淡的笑容,笑容里有无比的骄傲也有隐隐的思念。他对生死已淡然,也早已立好遗嘱,更写了一封长信给一直牵挂的小孙子解释自己所做的一切。也许某一天，老先生与这个世界诀别的时候，如果说他的心里还有唯一的牵挂，那只会是他的小孙子。

老先生对情谊的珍重，使我们窥视到人与人之间的物质关系是暂时的也是虚无脆弱的，而彼此的情谊却是坚不可摧的，也只有情谊最暖人心。

哪里需要到哪里去，尽己之力建设国家。

邓老先生出生于抗日的战乱。硝烟四起，四处啼哭，老先生一家更是生活在那风雨飘摇中。老先生在他风发正茂的年华，可以说是赶上了一个不大好的时代，也可以说是遇上了一个好时代。不大好的时代，是因为当时的中国一穷二白，在化工研究方面几乎是零基础，没有先进的研究设备，也没有过硬的化工知识；好的时代，是因为虽然几乎一切都是零基础，但老先生勤于学习刻苦研究，燃烧了自己满腔的青春与热血，这让他在化工方面取得不斐的成就。可以说，那是一个适合他的时代。

大学毕业后，老先生被国家分配到一个他没有听过的研究所工作，在寻找这个研究所的过程中他更是跌跌撞撞，经历坎坷。但他没有自怨自艾，而是甘心接受组织的安排，并在化工这个国家看重的重工业行业兢兢业业，持续学习不断钻研，在化工行业上为祖国开启了新的篇章。被调回到广东省进行科研工作后，他继续尽心尽力，发挥自己的光和热。他和同事及其团队研制的感光材料加工药液在我国印刷制品、医疗放射影像加工等方面作出了一定的贡献。

艰苦的条件，简陋的设备，并不能打败老先生的热情与雄心。靠着不断探索的决心和勇气，他依旧让国家有了雄起的资本。

换位思考，彼此体谅，和谐相随。

老先生一生从事科研，经历的成功很多，失败也很多。个中的滋味也让老先生对宽容有了自己独到的见解。有一次，老先生研究的化学药液在即将投入使用时却因其被氧化要临时撤下来。那一刻，他的内心满是挫败和失落，他也曾瘫坐在椅子上无力地叹息。但也正是这样的失败让老先生对于医疗中的过失保留一种宽容的态度。老先生也曾经历过医疗中的意外，而那一次的意外，却让他失去了自己最爱的人。老先生的心中满是痛楚，但他不愿追究医院方面的过错，而是简单地把爱人离去的消息告诉自己的亲朋好友。于他而言，过失是难免的，医院是否存在过失，于他并不重要。事情已经无法挽回，继续追究并不能换回他所爱的人，也许只能带给他更多的身体和心里的疲惫。而且，一旦证明了是医院方面出了过错，那将毁掉一个年轻医生的未来。老先生经历过失败，深知失败给人带来的无力感，他不希望一次的过失便毁掉一个人才。

老先生遗体捐献的愿望，也是来源于他的换位思考，感同身受。从事化工研究时，由于国内没有相关的药液，老先生便研究国外的样品，并从中获得了新的研究和发现。于此，他深知样品和标本对于科研的重要。爱看报纸关心时事的他，也了解到现今的尸体资源对于医学生医学院来讲是远远不足的，他为此深深担忧，这样怎么能培养优秀的医学生呢？于此，他萌生了捐献遗体的想法，希望自己的捐献能改善医学院的状况，希望自己也能以无用之躯化作有用之功，去教会学生有关人体的奥秘，让祖国的医疗事业有新的进步。

老先生也希望现今的医生与病人能站在换位思考的角度，互相体谅：医生并非万能，挽救病人需要承担很大的风险；病人是怀着很大的期望就医，希望早日康复的。互相体谅，紧张的医患关系才会得到有效的缓和，社会和谐感随之上升。一位老先生的肺腑之言，也许只能感化一小部分的人，但如果有很多位像老先生这样的人，病人与医生之间的信任感也会大幅上升，医生也能更专心地为病人治病了。而现在的社会，正需要更多像老先生这样的人。

落红不是无情物，化作春泥更护花。老先生没有深厚的医学知识可以传授我们，但在未来他希望能成为我们的无语良师，能教会我们身体的丝丝缕缕，教会我们身体的精细结构；鹤发银丝映日月，丹心热血沃新花，邓老先生没有从医，没有亲手抚平过伤口，但他希望自己也能尽一份力，去让更多的生命重拥绚丽的色彩，让更多的生命重绽灿烂的姿态。曾经有人说过：我们不能决定生命的长度，但我们可以改变生命的宽度。邓老先生以他特有的方式来拓宽他生命的宽度，莘莘医学生为之感动，也定当为之好好学习，除人类之病痛，让中国乃至世界的医疗事业逐步完善。

淡泊、豁达、闲适、宽容，这就是老先生的生活态度，祝福邓老先生健康长寿。也许，我们每个人，都应该像老先生一样，持有这样的生命态度。

许你此身，生命长青
——李小宁女士的故事

> 死去方知万事空，唯以此身报世恩。虽未流芳千百世，无语良师情难终。
> ——题记

李小宁女士已 63 岁，像一般的老人一样退休在家，身体康健，衣食无忧，与吴先生夫妻俩准备安享晚年。然而不久之前，她与吴先生夫妇二人做出了逝世之后捐献出遗体的决定，得到了家人的支持，并且已经在中山大学中山医学院办理了遗体捐献的相关手续。

盼此身能尽其用，纵角膜亦不浪费

"我办理了遗体捐献，不知道到时候角膜可不可以捐献出去？"这是我们进门之后阿姨一脸认真地问的第一个问题，当听到我们说可以时，她脸上是孩童般纯真的笑意，说如果不捐出去的话觉得会很浪费。那一刻，我已经被这位善良无私的老人深深地打动了。

对于自己，阿姨提到的很少，更多的是讲到她的先生。在与她聊天过程中我们了解到，吴先生有冠心病病史，又长期胸痛，服药无明显效果，各种影像检查无果，最终 B 超检查意外发现有肾癌，于 2012 年在中山大学附属第一医院做了手术，做完手术，吴先生胸痛的老毛病一直没有缓解，辗转多家医院也没能找出具体病因，就这样成了疑难杂症，所以老人希望去世后通过遗体解剖可以查出到底是什么原因，为以后的医学研究提供依据。李阿姨笑着说："反正就是做一点贡献嘛。"在老人淳朴的思想里，只是希望在去世后能为社会多做那么一点点事情，而这，对于我们医学生的学习，对于医学人才的培养，以致对于整个医学事业的发展，却是缺之不可的。当问到阿姨自己做出捐献遗体这一决定的原因时，阿姨笑着说"我要带头啊，我不带头怎么说服他呢？"言谈之间，脸上满满都是爽朗乐观的笑容。阿姨说，他这个年龄的老人，大多数人仍然受传统观念限制，不能摆脱入土为安，落叶归根等思想的束缚，而李阿姨以前在学校做行政工作，吴叔叔也在经济领域工作，两位老人都受到过良好的教育，在唯物主义思想的熏陶中成长。因此在他们的观念中，人死后便什么都没有了，捐出遗体，还能用无用之躯做最后一件有用之事，算是对社会的回馈。

办理遗体捐献的过程中，李阿姨先打电话到红十字会了解情况，之后对方推荐他们到中山医学院办理，阿姨说自己觉得办理过程还挺简单的，就是填了好多表，刚开始接收方要求得到子女的同意，但之后再去已经不需要了，夫妇二人互相签过就可以。看得出来遗体捐献办理的相关过程在逐步简化，而对于遗体捐献的后续工作也逐步细化，我们期待看到遗体捐献有更好的发展。

空巢数载无怨尤，儿孙自有儿孙福

跟阿姨的交谈中，我们了解到，两位老人是空巢老人，唯一的儿子很早以前就出国了，从1998年出国读书开始，回家的次数就寥寥无几。这让我感到很意外，每次谈到空巢老人，进入我脑海中的必定是凄风苦雨之类的词，但李阿姨是那么的乐观开朗，脸上一直挂着充满感染力的笑容；六十高龄依然红光满面，神采奕奕，似乎特别受到时间的照顾，面容上鲜少有岁月的痕迹；谈吐间自然透着一种爽朗自信，让人丝毫无法想到这么多年她是面对着重病的丈夫和远行的儿子生活过来的。提起子女，每个妈妈都会有说不完的话；李阿姨说起儿子还在自己身边上学的时候，也让自己操了不少心，虽像是在诉苦，但言谈之间脸上都洋溢着幸福的笑容，连眸子里都是笑意；说到由于工作忙儿子很少回来看他们，阿姨也是面带微笑，语气平淡，没有丝毫抱怨。听到李阿姨说儿子30多岁还没有成家，我们开玩笑地问道，着不着急抱孙子，会不会给儿子压力，比如逼婚之类的，阿姨说不会，从来没有，他的事情他自己做主，儿孙自有儿孙福，自己不会强求什么，还开玩笑说有了孙子还要自己花时间照顾他，太辛苦了。逗得一屋子人都笑起来。

当听到李阿姨做出捐献遗体的决定时，儿子刚开始的犹豫遭到了李阿姨的不满，这位倔强的老人显然是希望自己的事情自己做主，原则问题上丝毫不做退让，儿子只好同意了。自然，李阿姨的儿子接受多年的西方教育，思想观念上应该是更开明的，并不会有过多不必要的考虑，李阿姨自己都能做出这样的决定，他其实也不会反对，所以在这个问题上一家人几乎是一拍即合的。

不幸中自有思量，谈笑间云淡风轻

李阿姨成长在一个中层家庭，虽不用忧心温饱，却也不曾是上天的宠儿。做医生的父亲拯救过很多人，最终却不能自救，68岁时由于结肠癌去世；丈夫先是有冠心病，后又查出肾癌；自己也曾有乳腺增生和子宫肌瘤，为防止不好的发展便做了乳腺肿块切除以及子宫切除术；而吴叔叔生在香港工作的哥哥患了肾癌，李阿姨的一位姐姐也查出患有肺癌；在广东的几位兄弟却并未发现有癌症，这样明显的家族遗传倾向和地域差异性以及生活方式的不同让李阿姨一家对癌症的发展现状很是关注，这也是促成他夫妇二人决定捐献遗体用于促进医疗事业发展的重要原因之一。李阿姨的哥哥对此也很热心，哥哥的女儿34岁便意外去世，法医鉴定只说是正常死亡，未能找到具体病因，讲到这里，阿姨由衷的感慨生命是那样的脆弱，不经意之间一个鲜活的生命就这样消失了。

说起这些事情，李阿姨没有流露出一点悲伤的情绪，只是很冷静地告诉我们她的想法，谈吐间竟是看破世事的平静，似乎过去的一切都云淡风轻了。我不禁觉得，这位老人是属于那种有大智慧的人，面对这种种的不幸，她没有丝毫的怨天尤人，更多的是对生命，对生活和对医学发展的冷静思考和客观判断，以及对这世界无限的热爱和无私的

奉献，她这种理智的思维方式正是值得我们每个人去学习的。（见彩图图2.2.1）

心中有爱不孤独，学习不曾有尽时

李阿姨几乎每年都要去国外看望儿子，然而语言不通让生活面临着各种困境，于是，她下决心要学好英语。经过长时间的努力，在国外正常的沟通已经不成问题了。生活中的李阿姨很注重健康养生，通常在家里自己做饭吃，很少去外面吃饭，丈夫由于身体原因有很多东西忌口，但又忍不住想吃，李阿姨便担负起了监督的责任，许多东西丈夫不能吃的，自己甚至也陪着忌口。此外，李阿姨也很喜欢锻炼身体，无论是以前上班的时候还是退休后上课，抑或平时生活中上街购物，李阿姨都是步行去的，曾因此被同事调侃是"神行太保"，李阿姨对于这个称呼还颇为得意，一为健康二来环保，何乐而不为呢？

虽然生活中只有夫妻俩相互扶持，但李阿姨从不会感到孤独。她非常喜欢音乐，即使要照顾病中的丈夫，她也从未放弃自己的爱好，不仅在家里自学钢琴，而且每周二、五都会去学习唱歌，周三去学英语，风雨无阻。退休之后阿姨经常外出旅游，用她的话说，见的多了，人也会跟着豁达起来。现在虽然由于丈夫的身体原因不能像以往那样长期在外旅行，但自己依然会抽时间外出走走看看。

年过花甲，李阿姨依然对生活充满激情，对世界充满好奇，对社会充满博爱，内心纯粹，向往自由，言谈间自有一番阅尽世事的坦荡，这份豁达的胸襟也是她能做出逝世后捐献遗体这一决定的重要因素之一。读书、音乐、旅行，她正在做着让我们无数年轻人心驰神往的事情。在她的心里，生命是那样珍贵，全心去爱都不够，哪容得些许挥霍？

不传统的潮汕人，不平凡的普通人

当我们问道对于自己做出捐献遗体的决定，周围亲友的看法时，李阿姨笑着说他们没表示反对。事实上，受李阿姨夫妇的影响，有好几位亲友也有了这样的想法。"反正你们都缺解剖的，人不在的时候何必考虑那么多，遗体留着也没什么用，入不入土我觉得无所谓，就是不要浪费了。"在李阿姨的心里，从未觉得自己这样做有多伟大，只是为社会尽自己最后一份心意，就这样简简单单的几句话，却让我们不禁热泪盈眶。

虽然新时代的我们，大多数人接受新思想的熏陶，对生命对死亡有了更加理性更加客观的认识；但在中国，儒家思想根深蒂固，宗教影响不容忽视，很多地区依然很重视传统观念，深受入土为安、叶落归根思想的影响，认为"身体发肤，受之父母，不敢毁伤，孝之始也"，很难接受去世之后将身体交给一群初出茅庐的医学生去解剖。而李阿姨恰恰是潮汕人，那里至今被称为中国最传统的地方，这让我们在无比惊讶的同时对李阿姨更添了几分钦佩，这位潮汕人果真与众不同。

生活中的英雄太少，我们能指名道姓的寥寥无几；生活中的英雄又太多，那么多跟李阿姨一样的普通人，来时匆匆，去后空空，为人类、为社会奉献出所有，又怎能不算英雄？人生短短数十载，能成为伟人的毕竟是少数，难得的是如何不带光环却不显得渺小。李阿姨无疑就是这样的无冕英雄,一生在平淡中度过,却顺心而活,活得那样纯真,那样精彩,纵使生命走到尽头,亦愿意用自己微小的身躯为世界奉献最后一点力量,将一切回馈给社会,尽管生命终将走到尽头,却以另一种方式延续下来;无论生命漫长或短暂,这些无名英雄永远在我们心中。

大爱无言情难报,生命之树长久青

作为一名医学生,参加这样的活动给我带来的感动和震撼绝对不止一点点。以前的我,对于遗体捐献实在陌生,在稍有所了解之后,我也曾扪心自问,自己愿意做出捐献遗体这样的决定吗?那时,我的心中是纠结的,答案也是不确定的。而曾经两次进解剖实验室,面对着一位位无语良师,我内心更多的是好奇,却未曾想过这每一位经受着我们这些素昧平生的医学生"千刀万剐"的大体老师背后,有多少深沉的动人故事,又背负着怎样的坎坷身世。"我宁愿你在我身上划错千万刀,也不愿你在病人身上划错一刀!"为了那些素不相识的人,为了医学事业的发展,他们默默无言地散发着最后的光和热,以一己之躯铺就了人类健康和医学进步的阶梯。这生命最后的馈赠是那样的珍贵,那样的沉重,珍贵到它换取了千千万万人的健康乃至生命,沉重到我们要倾其一生去回报。如今,若再被问到相同的问题,我会毫不犹豫地回答:我会!在生命走到尽头,我会像他们一样捐献出自己的微薄之躯,成为更多人的无语良师。毕竟:生前难偿身后人,身后此躯终无形,大爱无言情难报,生命之树长久青!

后　记

我们承认伟人在历史进程中的贡献。可人类生活的大厦从本质上说,是由无数普通人的血汗乃至生命所建造的。伟人们常常企图用纪念碑或纪念堂来使自己永世流芳。真正万古长青的却是普通人的无名纪念碑——生生不息的人类生活自身。是的,生命之树常青!——《平凡的世界》

何不潇洒走一回
——麦敏老人的故事

天地悠悠　过客匆匆　潮起又潮落
恩恩怨怨　生死白头　几人能看透

遗体捐献：唯物主义者

谈起遗体捐献，麦爷爷用云淡风轻一句"只要你是一个唯物主义者，你就可以想得通了嘛"，将这个沉重的话题阐述得十分清晰，并且坦然。

麦爷爷是大学生，他的哥哥还是中山医学院的老校友，所以豁达明理，在想法和行为上都对遗体捐献事业表达了自己最大的支持。他说，人的遗体也是自己遗产的一种，埋或烧都是对资源的浪费，不如捐献出去供学生学习、医学研究或者器官移植，让它真正发挥出自己最大的价值。

他是去年九月份签订的遗体捐献协议，说起这件事，麦爷爷竟流露出些许的不满。首先是对宣传力度的不满，他自己知道可以捐献遗体这件事还是从公寓里其他老人那里听来的，之前并没有在其他媒体或者场合看见过相关的宣传，爷爷说这样会让很多有意愿的人错失机会或欲捐无门；再者就是对捐献流程制度的不满，"我自己的遗体自己做主，为什么要让家属都签字"，这样不仅麻烦，还会因个别家属的反对而无法捐献。不过令爷爷欣慰的是，今年的政策已经有所修订，遗体捐献再也无须征得直系家属同意了。麦爷爷说广州的遗体捐献状况跟北京、上海相比还是较落后的，希望我们多多努力，也希望政府机构更加重视，把它好好发展起来。

这位74岁的老人，心态如此进步年轻，不禁锢于老旧传统观念，站在社会发展的高度看待遗体捐献，不悲不戚，从容淡然，像是山崖高处一颗岿然挺立的青松。

回看生平：天地一沙鸥

每个人的一生都是一本厚厚的传记，讲述的人感慨万千，聆听的人如痴如醉。

麦爷爷的童年是不幸的，一家人迫于生计，背井离乡来到了广州的难民营，四五岁的时候就失去了父母和最小的弟弟，剩下兄弟三人相依为命；而万幸的是有好心人将他们送去了美国教会办的孤儿院，在那里，他们度过了独立而艰苦的青少年时光，兄弟三人一起念书，课余时间就去做工赚取生活费，还在码头当过搬运工。谈起初高中的生活，麦爷爷还提到了"大跃进"，说那时候大炼钢铁，学校的大门都被卸下来扔到大锅里去煮。

凭借刻苦好学的精神，兄弟三人在1959年的时候同时考上了大学。哥哥留在了广州中山医学院，弟弟去了成都，麦爷爷选择了长沙矿业学院，学习冶金专业。于是，上大学也意味着和自己的哥哥弟弟分开，自己背着包踏上了孤军作战的征程。讲到大学，爷爷说自己当年学得很轻松，从来不加班加点，而是会花很多的时间来踢球锻炼（爷爷还是国家二级运动员），去图书馆看课外书。然而生活对于这样一位出身于孤儿院无依无靠的人来说还是十分艰辛的，学费可以靠国家助学金来解决，生活费就得自己勤工俭学零星积攒了，一到假期，他的同学们都欢欢喜喜回家或者结伴旅游，麦爷爷却只能到处找工作，换取自己下半年的口粮。

毕业之后被分配到设计院工作，工作没几年就赶上了"文革"，然而麦爷爷以自己的清醒头脑和远见卓识平安度过了那段动荡的时期。他说在开始的时候也险些被人利用，幸好及时意识到，然后就毅然决然去做了"逍遥派"，将自己置身于一切与政治有关的事务之外，争取各种出差的机会以此来拓宽自己的视野，游遍大半个中国，真正成为了一个逍遥的人。

1983年麦爷爷申请和夫人一起调回广州工作，不仅因为这里是家乡，还是看中了改革开放之后广州美好的发展前景。回广州后在广州芯片厂工作，负责冶金工厂的设计，讲到这里，爷爷还饶有兴趣地给我们这两位学生讲起了冶金的流程，言语间流露出对工作的热爱。

关于他的夫人和儿子，麦爷爷很少提及，我们也就没有多问，只知道他2012年进入老年公寓，现在是孤身一人，儿子逢年过节会来看他。看得出来，爷爷对公寓里的生活很是满意，悠闲但也充实，他会做做保健操锻炼身体，会跟其他老年朋友们聊天喝茶，公寓会定期办一些活动或演出，爷爷也都会积极参加。

爷爷的生平中有真实的中国历史，有起伏波澜，有相聚分离，每一段故事都耐人寻味。我从这些故事中读到了孤独，"飘飘何所似，天地一沙鸥"，然而孤独却又不乏潇洒。长于孤儿院，孤独赋予了他独立坚强的人格品质；老于老人院，孤独蕴藏着他乐观积极的生活态度。

每个人都是由他自己的经历所塑造而成的，听完了麦爷爷的生平，就更能理解他捐献遗体这个决定了——一生活得明白坦荡，没有为自己的迟暮之年留下什么遗憾，无牵无挂，宠辱不惊，如果心灵已经豁达到这等程度，那肉体的贵贱得失又算得了什么呢？

寄语后辈：独立之精神

麦爷爷丰富独特的人生经历将他沉积成了一座高大雄伟的矿山，里面满载亮闪闪的精神财富。访谈接近尾声的时候，麦爷爷寄语三条给后辈晚生，每一条都源于自己踏过的道路，每一条都寄托着殷切的期望。

第一条，最重要的是学会独立思考问题，不要随大流。

这与陈寅恪先生"独立之精神，自由之思想"的主张不谋而合，麦爷爷也是在用自己的一生践行它。

"文革"期间曾经有一位"造反派"的同事问麦爷爷为什么不造反，爷爷帮他分析说，有些人造反是有目的的，比如冲入档案室修改档案，而像他们俩这种新来设计院没多久的实习生，对厂子对领导都不了解，为什么要跟着别人去造反。麦爷爷引用了毛主席那句"凡事都要问个为什么"，强调了保持头脑清醒的重要性。正是这种不随大流、独立思考的精神，帮他绕过了许多岔路和陷阱。

其实遗体捐献这件事也能反映出爷爷的独立精神，不囿于传统观念，而是凭借自己受过的先进教育进行独立思考，做出理智的决定。

从小就住在孤儿院，衣食之外的所有事情都要靠自己，所以麦爷爷很早就被社会磨砺得现实而坚强，独立且成熟，他说现在的年轻人都太娇气，不利于国家未来的发展。

第二条，与人相处要从小处着眼。

谈及与人交往，麦爷爷告诉我们要想看出一个人品行如何，要从小处着眼，从细节出发。比如一个人只是在你面前恭维你，一味说好话，那么他就不值得信任。

第三条，遇到困难，咬咬牙就撑过去了。

麦爷爷回想起自己一生最困难的时刻，是在背井离乡上大学时，假期留在学校打零工，等到了开学的时候，同学们开心地返校，互赠家乡特产。越是热闹，越是孤独，这个时候麦爷爷会突然记起自己没有家，没有父母，他会偷偷躲开这种场面，一个人散步，一个人忧伤。"每逢佳节倍思亲"，中秋节没有可以千里共婵娟的人，爷爷只能借着月光踢足球。

其实对麦爷爷来说，这一生最大的痛处就是没有家，然而正是这样的痛苦成就了他的自立自强，成就了他潇洒的一生。"不要求别人，咬咬牙就过去了"，这是一个铮铮硬汉，有骨气，有血性。

麦爷爷的一生经历积攒的许多力量，可能在经历过那些不平凡的事情后，这些力量都早已融入爷爷的血骨中，铸成了他今天所呈现出来的人格，才能让爷爷在一生风雨过后，有一份从容的潇洒和释然。（见彩图图2.3.1）

连理枝头，杏林常芳
——孙明明先生与方敏女士的故事

明代归有光的项脊轩志，写了他生命里的三个女人，其间描写不过一两件事，寥寥数语，却让人永远记住了"庭有枇杷树，吾妻死之年所手植也，今已亭亭如盖矣"。不需要多么华丽的辞藻，藏起来的隐忍感情只要我们稍稍咀嚼一下，便能从嘴里冲到心里，然后拿下泪腺。

我以为许多夫妻的结合并不都是出于情投意合，我以为柴米油盐酱醋茶才是婚姻的最终面目，我以为左手摸右手才是一段感情归于平静的结局。但是一些夫妻在归于平静之后，却没能等到白头偕老的结局，生离死别的时候，一些东西开始显现。

温暖相见，开启感动

孙明明叔叔是一位贸易公司职员，虽然工作比较忙，但他还是从百忙之中抽出时间接受了我们的采访。

2015年9月20日是我们与孙叔叔约定相见的日子。本来那天我们打算提前去正门迎接他，可他还是到了校门口才给我们打电话。赶到正门，远远地就看到一个瘦瘦高高的身影，还没确认那个人是不是孙叔叔，我们不知怎的跳着笑着就和他招手，他也笑了，径直向我们走来。

多么温暖的相见。

51岁，他看起来很消瘦，但步伐坚挺稳重，手上还打着电话沟通着工作上的事。在往课室的路上他一直和我们聊着天，十分有亲切感。他很温柔地问我们："捐献了一年的遗体，现在还能见到么，有保存么？"因为我们也不太了解捐献的遗体最后的处理程序，又怕说错了会伤他的心，我们没有回答上来这个问题。

但心里在想，孙叔叔为什么会这么问呢？叔叔是想见他的故友么？

在教室里，孙叔叔温暖的笑容让我们不再紧张，我们就这样顺利地开始了采访。当问到是怎样了解到遗体捐献的，他回答："因为她二嫂的爸爸是个老革命，就做了个遗体捐献，她二哥告诉了她这件事，她就从二哥那要了电话，一开始我们两个没觉得什么，觉得人就是一个躯体来着，就这样捐了……"

"请问她是？""是我的妻子，方敏。"

原来孙叔叔与方敏阿姨一起登记了遗体捐献。在后面的谈话中我们也了解到，方阿姨罹患胃癌，在两年前离开了我们，现在也已经完成了遗体捐献的心愿。

原来这是一首两个人的歌，原来这是一个两个人的故事，聆听那双倍的温情与光

明，不尽的感动与责任溢满我们的心怀。（见彩图图 2.4.1）

无悔捐躯，爱满人间

方阿姨生前在高等教育出版社从事校对工作，看了许许多多的书，也对人生有着颇为深刻的感悟。在 2011 年被查出了胃癌后，方阿姨就一直顽强地与病魔抗争，四处辗转求医，积极地化疗和治疗，但因为治疗过程出了问题，最终病情还是愈来愈重。一打听到了遗体捐献的渠道，她马上就拉着孙叔叔一起登记了遗体捐献。"人就是个躯壳，捐了就捐了吧，灵魂都走了，留着个躯壳还有什么用？"最后，方阿姨在两年前离开了我们，孙叔叔也为她圆了遗体捐献的心愿，让她继续拥抱着她奋斗一生的教育事业，让生命延续，让爱绵延。

虽然眼看着方阿姨备受疾病折磨，四处求医无效，但孙叔叔仍没有对医学失去希望。虽然发现医生对阿姨的治疗方式存在很多问题，加速了阿姨的死亡，但孙叔叔仍无怨无悔，同意了方阿姨遗体捐献的想法。他希望方阿姨的病史和诊疗过程能有助于癌症的研究。"人和老鼠终究还是不同的，一天到晚拿着老鼠研究也不是办法。癌症虽然现在无法攻破，但并不是没有人在攻，要研究就必须要有人牺牲。"起初孙叔叔女儿坚决反对，最终孙叔叔还是软磨硬泡将她说服了，叔叔说："人活着不就一件躯壳吗，能把遗体给医学生做研究，把疾病整个过程研究清楚了，搞清了治病过程中哪里出了问题，对往后的病人会很有好处的。"

辛勤一生，方阿姨在生命的终末仍要将全部的自己奉献给教育事业，以身躯化作红烛，照亮医路漫漫征程。落子无悔，孙叔叔自从和阿姨一起做了这个决定后也没有想过要放弃，而是像阿姨一样用身体化作教材，对医学的未来充满期待。

饱受这世间的磨难，却仍要为了这个世界奉献自己的全部，仍要对这个世界报以爱与期待，而这才是真正的伟大所在。但孙叔叔和方阿姨却从没有想过和伟大沾边，捐献自己的无用之躯化作有用之功，这在他们看来是最正常不过的事，而这样的豁达与高度更令人敬佩和感动。听到这，作为医学生的我们泛酸了鼻尖。我们要传承的不仅仅是一颗医者之心，更是一份无私大爱。我们定将感动化作动力，加倍努力，不负大爱，不忘初心。

患难与共，伉俪情深

打动我们的不只是他们无畏无惧的奉献精神，在这次探访中，我们看到了一种夫妻间的牵绊，也许孙叔叔和方阿姨不会认为这是爱，但确定这是一种很重要的感情。

"她没什么特别的地方，就和我一样就是普通老百姓一个。什么打动我的小事？也没有，我不太爱记事。"虽然嘴上这样说，但是孙叔叔却把方阿姨的一切一切都记得清清楚楚：初次相见，幸福时光，阿姨生日（1963 年 8 月 16 日），饮食起居，以及后来阿姨患病后诊疗的每一处细节，四处奔走辗转求医的过程……一字一句，满含深情。

起初我们没有意识到方阿姨已经离开，担心地问方阿姨还在家休养吗？孙叔叔没有说出答案。他就一直说着他陪伴阿姨在各个医院辗转奔波、抗争病魔的过程。直到最后讲到故事的结尾，他只轻轻地心疼地说："就很虚弱了，挺不住了。"

谈话中，孙叔叔将方阿姨叙述得十分可爱，让我们觉得方阿姨就像一个可爱任性的小公主，而孙叔叔就好像她的骑士，一直默默地爱着她，守护着她，任她欺负，任她胡闹。对于遗体捐献这件事，也是方阿姨让他捐的。起初孙叔叔也有些犹豫，但方阿姨固执地说："不行，我捐了你也要捐！"然后孙叔叔就这样也乖乖签了字。"也就算完成了她一个心愿吧。"孙叔叔笑着说。

孙叔叔的爱，就这样暖暖地围绕着方阿姨，就算自己心里疼了，脸上还依旧挂着暖暖的笑，给方阿姨带去不尽的鼓励与勇气。胃癌治疗期间，方阿姨从未放弃过生的希望。看着化疗时虚弱的方阿姨，孙叔叔心疼不已，想劝说她回家好好养病，但方阿姨从未想过要向病魔妥协，只有一丝希望，她就要坚持下去。在出院结果单上方阿姨有一项结果看不明白，就硬是逼着孙叔叔去找医生问清楚。医生说：抽取47个细胞进行检查，发现癌细胞就有40个，比例相当大，情况不太乐观，可能只剩一年的时间了。可孙叔叔回去后却和方阿姨这样说："人家就是抽取了47个细胞，你看，有40个好细胞，才7个坏细胞，这比例很低的，乖乖治疗就没事啦。"

他把所有的情况都反过来说，希望能够让她好受一点。回忆时，他温柔的语调，暖暖的笑，深深地牵动着我们的心跳。

虽然我们采访的是孙叔叔，但他却一直说着方阿姨的故事，都没怎么提到自己。讲到方阿姨可爱的地方他会甜甜地笑，讲到方阿姨与疾病抗争的痛苦他眼里也湿润了。无微不至的温柔，温暖暖的谎言，自己咽下了所有的难过和悲伤，他给方阿姨带来的始终是最温暖的微笑与阳光。虽然孙叔叔一直说他和阿姨过着最为平淡的生活，没什么轰轰烈烈的，但他们那平淡质朴的爱却令人羡慕非常，感动不已。

我们就在想，孙叔叔想见的故人，是方阿姨吗？

风雨承担，感动满怀

虽然孙叔叔自己表示，妻子生前两人的感情并不融洽，并且一再强调自己一家人都只是普通的小老百姓。

但就是这么一个坚称夫人不温柔没感动的事，夫妻俩没什么交流，一米八，精瘦的男人，现在坐在这里跟我们讲他送走妻子的情景时，令人觉得，他大睁着的眼里是有泪光的。

他在妻子患病期间，多次转院，四处奔波寻求生机。

他在医生告诉自己妻子病情不乐观后，默默整理自己的情绪，然后告诉妻子完全相反的情况。

他答应妻子一起捐献遗体，又一力承担起所有手续的办理。

他跟反对父母捐遗体的女儿说："如果你真的是想你妈，要寄托你妈的哀思呢，并不是在于她那个骨灰盒啊，她那个名字啊，或者她那个像啊，其实真正的是在你心里面。我说即使如果我们家很有钱，把你妈咪冰冻在那里了，你每天看着她。但这样你看着她你能做什么呢？是不是啊？"

他笑着跟我们说："我不想说死了的人坏话，但是她真的是一个好强的人，不过她确实为这个家付出很多。"

感动，想起他们时眼眶会泛酸，因为孙叔叔一直在努力笑着回答我们的问题，因为他们的洒脱，因为这种难关来临时时充盈的苦痛和互相扶持。小组成员们都觉得自己暂时没有勇气作出和他们一样的决定，也没有达到那种死后皆空的人生境界。我想，"医心遗意"探访工作的意义在于，将那些平凡的、不平凡的大体老师们的生平和想法记下来，他们应该被铭记。肉体凡胎终将湮灭，而不凡的思想永不蒙尘。

"我们因为男大当婚女大当嫁走到一起，一起组建了一个摩擦不断的家庭，有了一个长大后和我矛盾多多的女儿。我们各自有着不同的爱好，你好强顾家，家里都是你拿主意，我比较喜欢自己玩。可是有一天，你生病了，我们一起去了很多地方，找了很多医生，你还是不行了。你拉着我捐了遗体，捐就捐吧，这次我还是听你的，女儿也拿我们没办法。你走了，我看着你被运走，几乎也要崩溃。两年过去了，我跟一些学生志愿者讲了这些。"（见彩图图2.4.2）

这就是孙叔叔和方阿姨的故事。

在黑暗中漫舞
——王志明老师的故事

"做人,在什么地方都要发光,不要默默无闻。"

身世篇:乱世中诞生的舞者

王志明老师生于1934年,父亲是一名老中医。那一年,日本正加快侵略步伐,欲全面进逼华北,到1937年,日军挺进中原,抗日战争全面爆发。王志明老师的父亲,就在这场残酷的反侵略战争中死去,而年幼的他,则被送进基督教的孤儿院。在孤儿院里,基督教徒们省吃俭用供养孤儿们长大,所以王老师对基督教有着颇为深厚的感情。

王老师的出身可谓是命途多舛,到了人正壮年的时候,偏偏又遇上了"文革"的十年动乱。在"文革"期间,老师被打成"大右派"。这段人生无疑是极其黑暗的,老师感叹说:"一旦扣上这个帽子,一辈子都翻不了身,我那时候能活下来,已经是捡到一条命了。"后来,又有人认为孤儿不能够被打成"右派",于是就将王老师改称为"坏分子"。那时的王老师,是一个很有同情心的同志,十分乐于助人,几乎是有求必应,但是也难免落得如此狼狈的下场。

据老师回忆,在那时,曾有一位朋友赠一幅画予他,画上有一蝉,老师便于画上题诗一首:

在狱咏蝉

西陆蝉声唱,南冠客思侵。
那堪玄鬓影,来对白头吟。
露重飞难进,风多响易沉。
无人信高洁,谁为表予心?

此诗为"咏蝉三绝"之一,为唐朝骆宾王所作,歌咏蝉的高洁品行,以蝉比兴,以蝉寓己,寓情于物,寄托遥深,蝉人浑然一体,抒发了诗人品行高洁却"遭时徽纆"的哀怨悲伤之情。但是正因为此诗一题,王老师便被定性为反动分子,又得加上几等罪名。老师向工作队长辩白:"我并不是说自己很清高,但是我认为我比大多数人要干净",结果却落得个"不认罪伏法"的罪名。在如此动乱的年代,"罪行"如此之大,按老师本人的话来讲,真是"不死,天有眼咯!"

然而，王老师并没有被这段黑暗的年代所吞噬，他靠着自己一颗虔诚的善心，走上了医学的大舞台，开始翩翩起舞。（见彩图图2.5.1）

壮举篇：业余行医结硕果

王老师的本职并非医师，而是华南农业大学的图书馆的总务工作人员，而行医、学医仅是业余坚持下来的习惯。但是老师在治疗风湿、跌打和帕金森等疑难杂症方面的秘法，的确有着惊人的疗效，可以说是多年来行医学医的经验精华所在。

在十年动乱之后，国家接连为受到冤枉的干部、百姓平反，王老师也终于洗脱了他背负了这么多年的"罪名"。在这时，华南农业大学诚挚邀请老师回校工作，而老师并不打算返校。此时的王老师已踏入医学殿堂，利用夜晚的空余时间苦念医书，钻研医术，并在农村行医，治疗了很多病人，名气也渐渐变大。老师在治疗运动神经疾病方面十分在行，对脑血栓、肩周炎、半身不遂、锁骨神经痛、小儿麻痹后遗症等的治疗都有显著的效果。曾经一名暨南大学文学院的教授来找王老师看病，病好之后为老师写了一本书以示敬意；亦有一名牙脊痛得厉害的患者，在老师的按摩下疼痛得到了极大的缓解；还有一名腓总神经损伤的患者，在王老师的理疗之下，出现了比手术疗法更喜人的康复结果，因此老师的理疗也得到了著名外科医生的认可。老师名气之大，引来很多慕名而来的病人，其中就包括罹患帕金森病的陈景润老先生和中科院学部委员汤佩松老先生。

同时，老师也与许多医学院的院长有着深厚的交情，也在医院工作过一段时间。但是由于医院有一些明文规定，不能使用王老师自己研制的"十全大补针"，所以最后由于这个问题他离开了医院。

在谈到此段人生经历时，王老师对我们一再强调："医学是一件不能开玩笑的事情！"老师说，虽然他的确治好了许多病人，但是本身没有扎实的医学基础，能有如此成就"可能真的是运气"。他又说了一句非常中肯的话："医学最重要的，是信任。因为病人信任医生，所以今天你可能治不好他，但他会相信你明天能治好。"也许这正是我们现代医疗体系所缺乏的东西。"有很多人来找我看病，我很开心。"可能正是因为信任，使老师得以有大量临床经验的积累，得以创造出许多有效的治疗方法，从而得以惠及更多的病人。老师说，那时他不明确死这个概念，所以行医的时候非常有胆。也可能是因为如此，才造就了著名的"王医生"吧。

在医疗环境如此艰苦的年代，王老师仍然靠着一腔热血，和他手上精湛的医术，造福了无数患者，这像是在黑暗中无比绚丽的舞蹈，在病魔萦绕的世界，给予生命一丝希望。

遗体捐献篇：永不消逝的舞步

"我们做人，在什么地方都有发光，不要默默无闻。"

王老师谈到了捐献遗体的初衷。相信这个原因，和许多遗体捐献者一样，是伟大无私的奉献，也是颠覆成见的创举。老师说："将来，我将自己捐献给医学院，就会感到自己死后，都有点用。"

"我的爱人去世的时候，我去给她置办葬礼。在去太平间的路上，我看到了很多推销丧葬服务的人。他们在互相较着劲儿，争相给着低价，我觉得这样很可怕，自己离世后，不希望这么麻烦。"

"如果国家能安排好我的后事，就不用这样了，"老师说，"我一去世，就会有人通知医院，然后什么都有人搞好，不会出乱子。"

可能各人对死亡的看法也千差万别吧。传统观念里，总是讲究入土为安，死人应该得到安葬，从此长眠于地下，安详无忧。但是，老师说他观看抗日战争胜利70周年的阅兵式的时候，看到很多为国家立下大功的抗战老兵，以及在战争中牺牲的众多热血战士，便觉得自己死后也要将自己身上有用的东西送给国家。在老师看来，他的遗体"还用得着"，他并不认为捐献遗体是对死人的亵渎，反而觉得这是件极其光彩的事。老师说，捐献遗体对国对己都有好处，因为死人生意很可怕，而捐献遗体后则可以由国家处理好后事；同时，对于后人来说，能有机会知道这个人生前的故事，也会十分感动。

每次医学生们踏入解剖实验室迎面而来的凉风，扑鼻而进的甲醛气味，静谧严肃的气氛，还有那一个个有着"医心遗意"字样的绿色遗体袋，我们之所以拥有这样真实可靠的学习资源，全靠每一位遗体捐献者无私的支持。我们学习标本，在尸体上进行局部解剖。正是这些珍贵的遗体，奠定了我们成为一个合格医生的道路。正如王老师说的一样："医学，不开玩笑，基础一定要扎实。"每一具遗体，都有着最善良的灵魂，都寄托着捐献者对我们最诚挚的厚望。

王老师的家人并没有反对遗体捐献。据他说，他的儿子也是一名医学生，了解遗体捐献是医学教育中颇为重要的一部分。但是王老师说，他见证过许多家庭因为遗体捐献闹出许多矛盾。的确，如今遗体捐献在中国还有很长的路要走，除了主流社会观念与此相悖之外，捐献的制度需要一定的改革，医学教育的普及也需要更进一步。

随着人的最后一声心跳停止，生命便进入了永恒的黑暗。而王志明老师却选择了在黑暗中继续漫舞，用他灵魂的余热，演绎着医学的华尔兹。这舞蹈，无声无息，却又铿锵有力，靠着冰冷的炽热，传递着生命的激情。

结尾篇：做个基础扎实的人

王老师在工作、行医之余，还热爱着音乐。在孤儿院的时候，便对钢琴产生了浓厚的兴趣。平反之后，购置了钢琴，学了一段时间，而后由于时间不甚集中，就逐渐放下了。老师的老年生活中，音乐也是很重要的一部分。老师一再强调："不论是念书，还是学音乐，还是做什么都好，一定要扎实打好基础！"老师的所言所行，给予我们的，除了极大的震撼，还有对我们的医学生涯和人生观的重大影响。

我们的无语良师，将他们最珍贵的身体赠予我们学习，将他们最诚挚的希望寄托在每一位学生身上。医路漫漫，有了如此好的老师，我们前进的步伐更加果敢坚定。我们感恩遗体捐献者，不仅是因为他们推动了医学的发展，更是因为他们的高尚精神绝非常人可以比拟。而作为无语馈赠的回报，我们在以后的医学道路上，必定会脚踏实地，做个基础扎实的人，一定不辜负王老师以及每一位遗体捐献者的厚望！（见彩图图2.5.2）

用奉献书写生命华章
——周捷老师的故事

"我是一位艺术工者，思想也相对开放一些。作为身先士卒的一批人，我觉得遗体捐献是一件造福社会的事情。"说出这句话时，周伯伯目光坚定，脸上也写满了自豪。（见彩图图 2.6.1）

采访是在一个公园里进行的。一开始打电话联系周伯伯的时候还有些忐忑，毕竟有过很多次被家属拒绝的经历。没想到断断续续地说完我们的身份和目的后，他竟然爽快地答应了。刚一见面，周伯伯就热情地向我们打招呼，他的笑容让我们之前的还留有的一丝忧虑全都烟消云散。那时我们就知道，这将会是一次非常愉快的谈话。

周伯伯告诉我们，他们家是艺术世家。因为长期从事文艺工作，家庭氛围一直都是开放和包容的。在思想方面也处于不同时代的前沿。自己的父亲是一位老艺术家，一直就对遗体捐献持支持态度，并且身体力行地对身边的朋友和亲人们进行相关知识的宣传。因为这个原因，自己也直接或间接地了解到了遗体捐献方面的相关背景和信息。在父亲签署了遗体捐献志愿书后，自己便萌发了捐献遗体的想法。囿于不同的认识水平，父亲身边的一些人并不能理解捐献遗体的做法。一位领导在得知此事之后，向周伯伯求证："一点骨灰都没有留下吗？"谈到这里，周伯伯看着我们，笑着说，捐献遗体当然要把自己完完整整地捐献出去，哪能只捐一部分呢。

伯伯思想的开放再一次使我们深受触动，也使我们认识到之前的担忧是多么的幼稚和肤浅。遗体捐献者们在签署同意书之前，就已经细细地考虑过了这个行为会给自己带来的影响，就已准备好去面对别人不理解的目光。他们已经拥有了更加强大的内心，更加开放的心态，更加全面的思考。对于这些伟大的捐献者而言，他们在意的是如何让这一行为被更多的人理解，并加入他们，而不是在一部分人不理解的目光中怀疑自己的决定。他们做出决定的时候，就已经展现出了不流于世俗的光芒。

后来，我们谈到了周伯伯的个人经历。伯伯说，自己几乎经历了新中国成立以来的所有大事，从 1973 年到 1975 年，当了两年的知青。之后在韶关钢铁厂又当了八年的工人，还在二级工到四级工的考核中，拿了全厂第一名。因为周伯伯在工厂的优秀表现，在后来调换到木材厂的时候，钢铁厂厂长极力挽留，不愿意他离开。可是没想到，调回木材厂后没过多久，木材厂就因为一系列的问题而停产了。当时伯伯就觉得自己应当有一技傍身，而父亲又是舞美工作的老技术专家，于是就从头开始，向父亲和文工团的其他老师傅们学习舞台技术方面的相关知识，一干就是 27 年。

伯伯说，自己在工作的时候，因为种种原因没能入党，但是在思想上是一个彻彻底底的党员。他把这种情况形象地称为"行动上的群众，思想上的党员"。他说，广东处于改革开放的前沿，享受到了政策带来的很多红利，是文化的繁荣才催生了当时的文工团和现在的星海演艺集团，自己所接受的很多外来先进的思想理念也是得益于优越的地理位置和兼容并包的文化方针。在三年经济困难时期，因为父亲是技术骨干而受到了国家的特殊关照，一家人都安全地度过了那一段特殊的日子。全家人都是党和国家政策的受惠者，捐献遗体也算是回报社会的一种方式。

周伯伯还是一个很珍惜时间和追求充实生活的人。退休之后，他并没有像其他老人一样，遛遛鸟、散散步，或者打麻将。而是积极参加到各种展览活动里面，把每一天都过得很饱满。还秉持着"活到老学到老"的理念，学起了电脑。前不久，周伯伯就凭借学会的电脑技术，帮忙其他退休的老同志打了稿件。周伯伯也爱看书，当年在70年代高考的时候，填报的志愿就是图书馆管理员。自己平日里喜欢去越秀区图书馆借一些人物传记和历史类的书籍，偶尔还参加图书馆举办的一些活动。

当提起目前遗体捐献存在的不足时，周伯伯表示，现在社会上对于遗体捐献的重视程度不足，媒体的宣传不够到位，很多人并不清楚有遗体捐献这一回事。甚至在父亲去世的时候，医院里的工作人员都不知道应该和谁联系，如何进行运作。这会在一定程度上让一部分有捐献遗体志愿的人流失。虽然现在遗体捐献的相关手续和政策已经逐渐成熟，但是对比于西方国家，我们还是有很多不足的。尤其在观念的转变方面，中国人很多思想观念依旧根深蒂固，导致遗体捐献的宣传存在一定阻力。但不能因为难度大，成效低就不去做。星星之火可以燎原，如果有一批人能身先士卒，率先在社会上形成一股良好的风气，相信这项运动就会有越来越多的人参与。

大家一起聊了两个多小时，关于遗体捐献，周伯伯有句话说得挺有意思的，他说"我知道你们打电话的时候有点犹豫，但是这其实也没什么，本来就是光明正大的事情。"在接触了一部分捐献志愿者之后，我们发现其实他们态度都很相似，觉得遗体捐献是一件再平凡不过的事情。只是现在的普及度不够，很多人不了解流程，还有很多人受到旧观念的影响，所以在普罗大众眼里，捐献遗体就成了一件很忌讳的事情。除此之外，自古以来中国人就对死亡讳莫如深。中国人不是活在当下的人，对死亡的恐惧也尤为突出，对长寿，对健康的向往都与死亡这个概念水火不容。着手于遗体捐献在很多人眼里就变成了一种"诅咒"。如何破除这种想法，相比于发肤受之父母要更加困难。

经历过解剖课之后，真的很能理解忌讳者的心情，"身体"作为人"生能带来"的东西，自然人也会希望"死能带走"，谁希望看到自己的身体或是亲人的身体被一群不认识的医学生划来划去弄得不成样子呢？也因此，能在逝世之后奉献自己的身体的人就显得很不平凡，很伟大。台湾的慈济称捐献者们为"舍身菩萨"，真是很贴切。

传统观念中死者为大，入土为安的思想依旧深深根植在很多人的潜意识之中。在大多数人看来，人死之后就应该入土安葬。因此，对他们而言，遗体捐献是难以理解的。可如果人人都持这种想法，那么现代医学就会难以为继。正如周伯伯所言，人死之后不过是一具躯壳，与其化作骨灰，不如干些更加有意义的事情：为这个社会做些贡献。在自己百年之后，也许身体已经不再存在了，但是为医学发展奉献所有的大爱依旧会往下传递，精神依旧永恒。也许在未来的某一天，当一位年轻医生成功地完成一例手术的时候，他能够擦着自己的满头细汗，想起当年教会自己基本手术操作的大体老师，那应该会是老师们最大的慰藉吧！

通过这一次和周伯伯的接触，我们对遗体捐献者这个群体也有了更加感性的认识。周伯伯应该是遗体捐献者们的一个典型代表了吧。那些遗体捐献者们被尊称为大体老师，无语良师，就是因为他们虽然不能向我们亲口传授知识，但却愿意忍受我们还稍显稚嫩的切割手法，帮助我们更好地了解人体组织结构。其实再精美的讲义，再精准的叙述，都比不上真真正正地观察实物，更不用说动手操作了。医学是一门操作性很强的学科。正是有那些大体老师们愿意放弃安葬故土的权利，愿意奉献所有，才使我们能够手法愈加精准，对概念愈加清晰。

对于医学生而言，最好的学习方式当然就是亲身实践。然而因为刚刚上路，我们都会不可避免的犯错误。正是有像周伯伯一样的人们愿意捐出自己的身体，我们才能及时发现并且修正自己的错误和偏差。对于这些老师们，我们每一位医学生都会永远心存感激。

无语良师们，感谢你们无私的付出。出于对社会的责任感和崇高的奉献精神，你们无惧于他人的目光，挣脱世俗偏见的枷锁，为我们的学医之路铺平道路，为社会的医学发展添砖加瓦。虽然我们不能直接对话，但是每一次在你们身上犯的错误却比平时的教诲更能铭记于心。是你们，尽心竭力地诠释着奉献；是你们，用自己的身躯教会我们伟大的含义；是你们，在撒手人寰之时，用最后的一丝光芒照亮了医学的夜空。

你们是勇敢的，敢于冲破世俗偏见的禁锢。你们有着青年人的朝气，对于影响深远的传统观念，有了自己的判断，并且做出了选择。也许是几十年的渐渐转变，也许是某个夜晚的突然顿悟，我无意于揣测你们如何能够敢为人之所不敢为，敢当人之所不敢当，我只知道，这样的决定需要巨大的勇气，我只知道，许多年轻人都会叹服于你们的魄力和见识。你们是走在时代前沿的一批人，无语良师的称号，你们当之无愧。

你们是仁慈的，半个多世纪的见识，早已使你们有了不一样的心胸。你们见证过新中国的苦难，知道如今生活的不易。苦难使你们成长，更给你们留下了一双澄澈的眼睛，能够平和地看待这个世界。于是，能让他人重获健康成为了你们的祈愿；于是，你们在自己的垂暮之年仍在仍在为医学思虑。

你们是高尚的，莫道桑榆晚，为霞尚满天。你们深深明白医学传承的重要，为了一个更加美好的医学未来，在生命的最后依然闪耀出人性的光辉。请相信，我们不会忘记入学时的誓言，不会忘记健康所系的初心，不会停止探索医学的脚步。你们历尽沧桑之后的希望会被一直记得，你们怀有的精神会继续地得以传承，而终有一日，从你们身上习得的知识会让更多的生命得到延续。

所有的遗体捐献者们，让我们在此郑重地向你们道一声："谢谢！"（见彩图图2.6.2）

第三篇

跪乳之恩

本篇收录了 14 篇医学生对于无语良师的感悟文章。无语良师的感人故事,激发学子们认真思考"生"与"死"、"情"与"义"、"平凡"与"荣耀"、"责任"与"使命"这些深刻命题,无语良师的无言大爱在世间延绵升华、闪耀永续,成为学子进步的力量。

追 忆
——纪念无语良师王勉予和黄美静

11月的广州，绵绵阴雨，我们走在探访大体老师家属的路上，担心接下来的谈话会很阴沉⋯⋯

不知不觉，我们走到了老师家属家，开门阿姨对我们抱以热情的招待，家属出乎意料的乐观，十分健谈，我们坐在大体老师生前温馨的小家中，与大体老师的女儿，王阿姨情切地交谈着大体老师的过去以及种种，没有眼泪，一切就像去熟人家做客一般亲切。

每次解剖课站在大体老师面前，面对那双紧闭的双眸，总是让人陷入沉思，在一具冰冷的身体上去推敲人生，思绪不断牵引你追思这样一个存在于与我们同一空间的躯体，曾在绵延不绝的时空长河里又经历过什么样的风风雨雨以及点点滴滴，而此时此刻，我们就坐在那些点点滴滴曾经发生过的现场，去聆听，去经历他们曾经或丰富或斑驳的人生岁月。

我们所探访的家庭，充满了传奇的色彩，那些被家属讲述着的历历在目绘声绘色的故事，让我们在短短两三个小时里，却足足经历了一遍一个90岁肉体的沧桑岁月史，那是一部个人命运在时代里沉沉浮浮的个人史，却掺杂满了各个时代背景下中国历史的浓缩背影，你可以感觉一个人的命运在历史洪流中的积淀沉浮，也可以透过这么一扇窗去窥视那些不属于你的时代，却为你今天的生活奠定了基础的时光片段，那些人烙印着那个时代的美好与不幸，那些人也填满了那个时代的空缺⋯⋯

在老师所有的经历中，或喜或忧，或悲或泣。然而，最让人影响深刻的便是老师那颗奉献的心，王勉予老师生前笃信："不奉献的人生没有价值。"于是，那漫长的90个春夏秋冬里，他笃行着他的信念，从战争年代分口粮的小善举，到和平年代里各种慈善事业，王勉予和黄美静老师的人生仿佛就凝结成八个字：赠人玫瑰，手有余香。遗体捐献只是对老师人生的小窥一斑，由此牵引出的千千万万感人的瞬间都婉转地倾诉着，奉献是什么：奉献是生前倾你所有，生后倾你仅有！

在老师身上，我们学解剖，更要学人生，学一种处事的态度，学一份对社会的责任感。言语，毕竟苍白过经历，大体老师丰富着我们的头脑，更重要的是丰盈滋养着我们的心灵。

感谢您！无语良师！此刻，我只觉那无声胜有声⋯⋯

感 恩 有 您
——无语良师

在医学院生活的这些日子里,最让我难以忘怀、心怀感动的是科技楼最底层的人体解剖实验室,那里安放着我们可能连名字都不知道的大体老师,我们不曾有过哪怕一句话的交流,但我们可能是最了解他们身体的人,他们用一种特殊的方式教会了我们这一辈子都不会忘记的知识,他们是我们这些医学"朝圣者"的无语良师。

对他们,首先我是很敬佩的。我时常想象,当他们被病痛折磨,面临死亡的威胁时,看过太多人对死亡的恐惧,对离去的不舍,他们是怀着怎样一种心情做出捐献遗体的决定的?有一个良师得知自己已经到了生命的最后阶段时对医学学子们如是说:你们将来会成为医师,我要把我的身体交给你们。你们可以在我身上划错几十刀、几百刀,将来千万不能在病人身上划错一刀!或许这就是答案吧,一种从心底散发出的大舍大爱,仅此一点,他们教会我们的又岂止是医学知识,更教会我们懂得尊敬与感恩。

"路漫漫其修远兮,吾将上下而求索",人体之复杂与精妙让人惊叹,自有文明以来,人类即在探索人体生老病死的道路上一点点寻求着答案。可尽管经过数千年的不懈努力,如果想用言语来书写人体的精奥,只怕千牍万册都不足以尽载。我们拿着人体解剖教科书一遍又一遍反复翻看记忆,却依旧无法理解"水在桥下走"是何其的形象;无法理解臂丛的分支是何其的精到;无法理解神经是如何完美地从肌肉间隙中穿过而又支配它的运动……于是乎,我们一遍一遍地忘记,脑袋如糨糊一般。而医学偏偏是一门精确到不能差之毫厘的学科,如果我们依靠着这样的认识在病人身上做手术,不敢想象会有多少悲剧发生。我们茫然不知所措之时,是大体老师的无私奉献,为我们揭示深埋在肌理之中,深奥晦涩而令人屏息的解剖知识。

我们不再拘泥于教科书,不再受限于解剖图谱,不再通宵达旦死记硬背。日复一日,在大体老师冰凉的肌肤上,我们试着理清皮肤的层次,细心梳理着发黄的脉管,区分动脉、静脉与神经,感叹于血液循环、淋巴循环的巧妙;我们循着肌肉的纹理寻找它的起止点,探寻行走于其间的血管神经,想象着肌群、关节如何协调使机体做出各种优美的动作;我们一遍遍端详各种器官,模拟它的运作,思考疾病如何使它失去正常的功能;我们对照着书本,终于明了:什么是"水在桥下走"?臂丛拥有怎样复杂的分支?腹股沟管里面到底有什么?坐骨神经从哪里穿出来,为什么会坐骨神经痛?心脏瓣膜到底是怎么回事?许许多多曾经懵懂模糊的知识渐渐清晰起来,曾经让人头晕眼花的文字转变成见得到摸得着的实实在在的器官与结构。我们有时会想,曾经在我们面前的老师,他(她)的皮肤红润而温暖;他(她)的血管仍然充盈,血液依旧流动,心脏也在规律地搏动;他(她)的大脑很聪明,神经很敏感;他(她)的肌肉结实,运动协调……他（她）曾为人父母、为人子女、为人伴侣，生前他（她）也曾经历风雨、享受幸福、为人类事业奉献青春，就是这么一个丰满的人，身后仍然传递着大舍大爱，不求回报，而他（她）与我们素不相识，念及此，每每动容以致哽咽。

　　大体老师是我们的第一个手术对象，我们不断地犯错：误切神经、找不到应该存在的血管、辨认不出是哪块肌肉、搞不清脊椎骨的区别……而这一切全都是我们成为医生的时候可能会犯的错误，这些误差甚至是致命的。而正是大体老师试图用行将腐朽的躯体，教授着我们这一群初入医学殿堂的懵懂医学生，生命是如何运转，疾病是如何产生，人体结构是如何巧妙而又复杂，在医学修行的漫漫长路上给予我们指引。在大体老师们的身上，除了修习到行医者必备的基础知识外，我们亦逐渐解读生命的故事，并开始了解生命是如何存在，领悟善与大爱的真谛。

　　当我们上完最后一次解剖课，整理好大体老师的遗体，离开实验室之前，我们深深鞠躬，各位亲爱的大体老师们，感谢您们不畏裸身赤膀的勇气与不惧刀剪加肤的刚毅，献身教职，使医学教育得以延续与传承，我们不曾有过一句对话，我们不曾收到过您的批评或赞扬，然而却比任何一次都清楚自己所犯的错误，也比任何一次能将老师的教诲铭记于心。

　　这是无法言说的大爱，谨以此文寄托哀思，感恩有您，前往天堂的路上，愿您一路走好！

桃李不言，下自成蹊

有些人一辈子相处也只是个温暖的陌路人，彼此点头问好，互相关照几句，此外，难有其他；有些人与人的相识，亦可以是花开花落般淡漠平然，彼此长久的没有交集，只是知道有这么一个人存在，待到遥遥一见时却已是三生石上旧相识，以前种种只为今日铺垫。相悦相知，却没有清晰完整的理由。恰似与君初相识，犹似故人归。

我们的生活，可能在遇见你之前都没有交集，你有你的生活，我有我的忙碌，我们都为了自己的未来而打拼，为了自己的小小愿望而努力。可能我们在茫茫人海中曾经擦肩而过，可能也在回头时留下过惊鸿一瞥，但是，我们都没有在彼此的人生中留下过什么，连个熟悉的陌生人都称不上。要不是你做出了那样的选择，可能我们的缘分就仅止于此吧。

你选择了为国家做出最后的奉献，你决定了在生命的尽头用自己的无私点亮自己人生的光芒，你希望用自己的身体，教会那些仍然懵懂的在医学路上探索的学生。

就这样，我们相遇了。

我是最普通的医学生，过着平淡的生活，每天抱着厚厚的书籍穿梭在课室和实验室间，对于人体和疾病，抱着好奇的态度一直学习探索，希望能够通过自己的能力去治愈别人，让别人的生活能够不再被疾病困扰。

你是最无私的老师，即使一言不发，躺在冰冷的解剖台上，用自己的身体，教给我们最重要的课程。

因知而治，无数像我一样普通的医学生，通过学习成为了不平凡，不普通的医生，用自己精湛的医术治愈一个个被疾病困扰的病人，用双手抚平他们疼痛的灵魂。而成就这一切的，是无数像你一样伟大的无语良师，通过奉献成为了最不平凡，最不普通的老师，用自己的勇气，教给我们除了人体以外更重要的本心。

以后的医学道路，我们会记住的，除了那些从你身上学习的医学知识，还有作为人，作为一名医者最重要的仁心。入学时青涩懵懂地喊出"健康所系，性命相托。我决心竭尽全力除人类之病痛，助健康之完美，维护医术的圣洁和荣誉。救死扶伤，不辞艰辛，执着追求，为祖国医药卫生事业的发展和人类身心健康奋斗终生"。这样的医学生誓言，到最后真正通过我们的努力，为自己披上白袍，真的可以救死扶伤，真的可以用自己的医术，不负病人的性命相托，真的可以用自己的青春，甚至自己的终生，维护医术的圣洁和荣誉，除人类的病痛的时候，我们会发现，一路不忘的，是你们教会的为人的良知，为医者的仁心。

在漫漫的医学之路中，我也曾在黑暗中孤身前行，也曾在布满荆棘的道路中忍痛前进，让我不停下脚步，让我不轻言放弃的动力，是你以身相许的勇气。

你虽无名可记，但曾为人父母，为人子女。我见过你的家人，那些你视若珍宝的人，那些尽管不舍还是愿意成全你的人，那些因为你的影响很多做出了同样选择的人。提起你时，他们眼中依然充满不舍，即使明白你的奉献，你的伟大，你的无私，即使有一千个、一万个理由可以说服自己尊重你的选择，但是还是舍不得，舍不得让你这样离开这个世界，舍不得以后想起你的时候，只有一个冰冷的纪念碑，最舍不得的，还是那个温暖的你。但是，这样舍不得你的家人，这样深深地缅怀你的家人，这样因为你的离去难过的家人，相信你的选择，尊重你的遗愿，还有很多做出了跟你一样的决定，希望百年以后也把自己交给医学，让灵魂可以跟你到达一样的地方，在那个地方，跟你笑着再相遇。

很多人问我，为什么学医这么辛苦，这么艰难，还要选择这样坎坷的道路？这样的问题，不止一次我问过我自己，明明可以有更舒服、更平坦、更容易的道路，但是我义无反顾地踏上医学道路的原因，除了希望解除病人的痛苦，用医术治愈人心以外，大概还因为我知道会遇见你，遇见了跟我一样选择医学的你，遇见了以身相许的你，遇见作为大体老师，教会我最多最多的你。与君初相识，犹似故人归。

无言良师，灵魂阶梯

"嗯，我是学医的。"
"那你解剖过尸体吗？"

每一名医者，都需要上一节课，去学习牺牲与无畏；
每一名医学生，都要与一位老师去交流，去进行灵魂的洗礼。

原来，我是觉得解剖课充满了刺激的，在跨入解剖课教室的时候，先被浓重的福尔马林味道熏得抱怨连连，然后就在一种严肃的气氛中住了声。我看大家都围着一个绿色的袋子包裹的 body，窃窃私语，但是谁都没有去打开看，或许第一次还是有点紧张、害怕吧。偶尔在观察肌肉的时候，也会因为与 body 突然对视而心中一跳。

经历了大一解剖课的"洗礼"，自以为刚从解剖室回来就能面不改色地吃饭，是一种很值得骄傲的事情。

现在想想，有点可笑。那是我的老师啊，有什么害怕的呢，又有什么值得去和别人说的呢？

我们都是学医的，都多多少少接触了一些大体老师，有时候见到的是肢体的一部分，有时候是完整的躯干，但是很少人会去想想这些大体老师背后的故事，或者是他们生前的模样。事实上，学医更多的是理性的思考，我们在与大体老师的交流也只是限于观察与实验，我觉得，这样就几乎足够了，如果能够闲暇时能够多一些感念，那就更好了。仔细的观察，轻拿轻放，严肃认真，就是对老师最好的尊重与感激。

我不知道他们的平生，但是我愿意去了解、去想象他们的平生。许多捐赠遗体的新闻，都在讲述着一些经过重重困难，才能顺利捐赠的故事。中国讲究魂归故里，落叶归根，捐赠遗体恐怕会受到更多的反对。家人的阻挠，捐赠者自身的担忧与犹豫，都是捐赠的阻碍，在纸上签下那么一个名字，不知道要辗转反侧地考虑多久，心里不知道要跨过多少道坎。我原来是不知道这些的，遗体捐赠者在过世 8 小时内急速冷冻到零下 30 摄氏度保存，在教学使用时再复温到 4 摄氏度，从而能够保证遗体的新鲜程度，让学生能在最接近真实的人体上进行模拟手术训练。那意味着在捐赠者逝世后，家人只与他有不到 8 个小时的告别时间；那意味着自此一别，就没有再见的可能，没有火化，没有众人的默哀悼念；死者面对的，也许是手术刀的解剖，也许是肢体的分解，生者面对的，是空的骨灰盒，是真正的天隔永别。

这对逝者，是一条黑暗而充满着无知的恐惧的路，对生者，是一种莫大的残酷。如果你和我一样，住在医院肿瘤科旁边，隔几个月就要"听"到一次死别，那是撕心裂肺的恸哭，闻者皆悲。8 个小时，尸体未冷却即别，试问有多少人，能够忍过这段痛苦？

我曾听过一位老师这么说："我一辈子都在用我的嘴教解剖，但最后一次，我要用我的身体教解剖。有太多话语没能及时道尽，只能用身体去诠释生命的真谛。"

死亡后有火焰的灼烧，在炽热中燃尽生命，在黑暗中永久安眠也许是一件很幸福的事，有一些人，要注定沉寂于冰冷。一种光荣的牺牲可以有很多种，却有一些勇士选择了这条一去不能回头的路。他们便是我们的大体老师，不是站在讲台上，而是躺在解剖台上的老师；不能滔滔不绝地讲课，只能沉默无语；他们没有丰富的肢体语言和表情，只有一成不变的冰冷，却能表达出用言语不能表达的东西；他们有许多话要和我们讲，却把心事藏在肌理中，让我们自己去探索；他们不曾说过一个字，却能在我们的心里画出浓重的一笔。他们有冰冷的身体，也有灵魂的温度。

他们，是我们的老师。

"死亡是场漫长而伟大的中场休息，唯有最臻于完美的演员在幕后，依然继续演练着下一幕，那是生命的轮回。"这位无言的老师，有着无限的人生，短暂地出现在我们的生命中，却从来不是一位过客。学医是一条漫长而艰难的路，有时也会很苦，幸有在台上传课授业的讲师和无言的大体老师的陪伴，才能让我们那么坚定地走下去。

如果说教师，是我们通往知识殿堂的阶梯，那么大体老师，则是我们的灵魂阶梯，每走一步，都是一次训练；每爬一阶，都是一次升华。

无言良师，良师无言，这位老师的课，我愿意用心去听。

谢谢你们，引路人
——感恩大体老师

很多年前的一个午后，知了一如往常地聒噪，有一位老爷爷自言自语说，每个人都注定会成为一条漫漫长路上的朝圣者，那时，我们需要一位清晰的引路人。

当时的我正拿着玩具针筒给心爱的洋娃娃治病，两颗门牙在风中摇摇欲坠。躺在藤椅中的爷爷就摇着蒲扇说了这么一句莫名其妙的话。我也许眉头紧锁地思索了一下这段话的含义，然后无疾而终；也许只是单纯地关心着洋娃娃的病情，反正大人们总是说着奇怪的话。记忆并不是什么靠得住的东西。唯一可以肯定的是，毫无理由地，这句没头没脑的话被年幼的我生生记住，并且在之后十余年的成长过程中，依然能够随时随地脱口而出。而在我发现自己的高考志愿表上全是清一色的医学院时，猛然意识到，那个午后，那位老人，那些话也许并不是毫无理由的。也许，那是我未来人生的一个巨大隐喻。

进入医学院后，我依旧在思考着那句话，希望解答出它的全部含义。它仿佛小时候缠着妈妈买的万花筒，那几个小塑料片每次都能展示出不同的图案。随着阅历的不断累叠，给出的答案愈加深刻。倘若每个阶段都有一位领路人的话，那么对于现在的我而言，大体老师就是从医道路上无言的引路人。

有一位爷爷是一个老广东，搞了几十年的艺术工作，末了，希望在去世之后继续为社会做贡献，便签署了遗体捐献志愿书。老人家精神矍铄，身体还很硬朗。谈到产生这种想法的原因，爷爷说，移风易俗并不是一件很容易的事，在刚开始的时候，就需要一部分人敢于为人先。自己一家都为艺术事业忙活了大半辈子，家人们思想也相对开放和先进些。既然如此，那自己就有责任成为身先士卒的一批人。

这位爷爷所想也应当是所有大体老师生前共有的想法吧。第一个吃螃蟹的人，被鲁迅先生称为勇士，那么这些大体老师们也都担当得起这个名号。他们是第一批勇士。原先一直认为，推动社会变革是年轻人的事情，可这些老人家们却展现出了同样从容的气度，同样广博的视野。曾经根深蒂固的入土为安的传统观念受到了挑战，并开始出现了细小的裂痕，墙头的土屑在一点点向下剥落。在这堵曾经坚不可摧的城墙之后，肯定会有一处风景，那将是医学长足的进步。大体老师们安静地躺在那里，却不单是我这个医学生学习人体奥秘，组织毗邻的引路人，还是一种更开放的文明，一个更包容的社会，一项更进步的事业的引路人！

也许是第一次，引路者不曾走在我的前面，胸有成竹地给我指点前方。他们安然地躺在解剖台上，而前路的地图早已在身体中藏好。每一条血管的蜿蜒，每一根神经的缠绕都让我能时刻保持清晰的思路并迅速找到下段路的入口。

也许是第一次，为了让医学得以传承，像这样以自己的身体为全部代价。闭上双眼，他们的身影却并未模糊，在一片浓雾中恰如其分地出现，拉起我的手，对迷茫慌乱的我说："孩子，慢慢走，请和我来。"

那些老人家们，体会着"文革"十年浩劫的动荡荒诞，也体会着改革开放带来的巨大社会变革，他们都有着跌宕起伏的一生。最后，当一切的繁华归于落寂，他们用最赤诚的方式离开这个世界，用最纯粹的行动述说着他们对这个世界的最后祝祷。我无力于探求每一位大体老师背后的故事，但我知道，他们并不是一具具冰冷的尸体。当他们说服家属后，平静地签下了志愿书时；当他们无所畏惧地面对着他人的不理解时；当医学生们在他们身上，颤颤巍巍下手动了第一刀时，他们都在呼唤着医学更加美好的未来。他们用自己七八十年来修得的全部智慧，告诉我们：医学要得以传承，人类理应在一场场和死神的较量中获得更多的筹码。而为此，他们愿在去世之后奉献所有，愿自己能尽最后一点力量让生涩的孩子们得以成长。

学医的道路，注定是孤独和艰难的，因为年轻，我们也许会被流光溢彩吸引了目光而忘却了身上的责任，站在分岔口上不知所措。好在有这样一些无言的引路人，让我们迅速摆脱迷惘的状态。前途依旧漫漫，可我并不害怕，因为我知道，为了让未来医生的手法更加熟练精准，为了让更多人的生命得以延续，有一群人放弃了安葬土地的权利，毫无保留地奉献所有。他们用无私的奉献，意犹未尽地展现生命的姿态；他们用迟暮之年的刹那光芒，淋漓尽致地书写生命的华章。这些无语良师，一定会带领我找到方向。

对于他们，我唯有献上由衷的感谢和深深的敬意。

医路上有你，苦一点也愿意

初步入医学学府的大门，我内心怀揣着无限的不安，因为我知道这条路的艰辛坎坷，知道自己会承受无比巨大的学业、工作、社会压力。然而，当我真正进来感受了一番，竟发现虽然医学的探索真的那样毫无止境，也从没有明确的终点，但这一路上从来都不匮乏奉献自己、出一臂之力的美丽人们。医路上有你，真好。

初识——在最天真浪漫的时光

学院举办了一个科普人文宣传日活动，那是来医学本部参观人体标本馆的。我一直对大体老师充满了一种敬畏，懵懂而好奇想去见一见，于是鼓足勇气便在报名表上写上了名字。在师兄师姐的带领下，我们走进了特殊装修的人体标本馆，蔚蓝色的背景让我觉得无尽的浩瀚。我的目光瞬间便定格在入口的两副骷髅上，空调的风呼呼地吹拂，风吹皱了岁月的流年，光拂动着时间的摆锤，生命的逝去似年轮般印刻在那微黄的骨膜上。而我觉得自己在他们面前竟是那样渺小。跟随人群一一欣赏了人体的各个系统，每一个器官都是那样完整，觉得虽然与本体分离，但每一个身体零件竟能是这样完美的艺术品，那是大自然的赠礼，是这世间最美丽的奇迹。瓶瓶罐罐的展品，以最真实的视角，为我们揭示了深埋肌肤之下那深奥晦涩而令人屏息的解剖学知识。而带领我们参观的解说员也用他所学过的人体解剖学知识，一一跟我们分享着这关于人体的故事。那一刻，我真想以后也能成为这些解说员，为群众传递这份普及以及关怀，分享这人体的奇妙。那是我来到医学院第一个梦想，也是你赋予我的第一份礼物——探索的热情。医路上有你，真好。

感知——在最热血激昂的年华

终于开始学习人体解剖学了，时隔半年又能与你重逢。看万遍课本，不如穿上手套亲自与你接触一次。走入解剖学实验室，那股福尔马林的强烈味道扑鼻而来。第一次总是那样好奇与幼稚，我记得那时当我能够自己来触碰那一根根骨头的时候，我竟是那样激动，直接就将骨头摆作特殊姿势然后拍了张照。然而这时，身边的同学一惊，低声跟我说："这样不太好吧，不尊重逝者呢。"我的内心突然堵住了一般，那一团好奇无知的烈火顿然被一盆内疚自责的水扑灭，剩下的是那无地自容的烟灰。我即刻将照片删了，喉咙一酸，静静地坐在边上，心怀愧疚不再去碰那些标本。我的人生第一节解剖实验课，就这样带着沉默结束了。"对不起，希望在天之灵的你能原谅我。"就那样我真正地感觉到了尊重的重要性，这是你赋予我的第二个礼物——敬畏的态度。医路上有你，真好。

认清——在最自信坚定的季节

时间一晃而过便到了人体解剖的标本考试前夕，从最初第一节课的阴影走出来之后的我，变得更加爱惜这每一件的艺术品，每次举起、翻看都小心翼翼，生怕你有半点损伤。对人体愈加熟悉的我，开始有了一份医学生的自豪与骄傲，我一边握紧标本，一边就能将解剖部位名词娓娓道来。很快就期末考了，紧张的气氛让原本沉寂的解剖实验室更加死寂一片，最初的我是想着怎么样才能拿高分的心态去的，但开始认清那一个个结构的时候，我的自信与坚定竟如此迸发出来，我很清楚这股信念是时间堆积起来的，是长期的相伴而培养而成的，每一个小图钉都瞄准那一个个精准而又重要的临床部位，连环开火。这一仗，我打得很顺利，谢谢你在我的背后那样支持我，这是你送我的第三份礼物——坚定的信念。医路上有你，真好。

感恩——在最需要你们的世界

中国自古都有保留全尸安葬的习俗，人们的传统观念始终很难彻底打破换新。而你却迈出了时代的引领之步，大声地告诉人们将自己逝世后捐献给医学研究那是多大的意义所在。医学之路的坎坷，有了你们的明灯照耀，那前途是多么的清晰明了。每一个复杂的生理过程、每一个混乱的发病机制、每一个手术艰难的人体部位，在你们的诠释下显得那么触手可及。你们的奉献点燃了医学前进路途的火把，点点碎碎的火星是你们无言的教诲，路上的荆棘由我们医学生们一一斩去，这条路我们学医之人固然越走越远。医路上有你，真好。

感谢你赋予我的三份礼物，相信我有了探索的热情、敬畏的态度、坚定的信念，我一定能够在学医路上毫不退缩。在你们提供的蓝图之下，医务工作者也定能唯知而治。

医路有你相伴，一路勇往直前。愿与众医学生共勉。

以身相许，遗爱人间
——心怀感激，手写恩师

留美归来，罹患胰腺癌晚期的工程师李鹤振言：你们将来会成为医师，我要把我的身体交给你们，你们可以在我身上划错几十刀，几百刀，将来千万不能在病人身上划错一刀！

高雄慈济志工施清秀言：一般人生病到医院挨的那刀，为的是保住自己性命，我往后挨的每一刀，也许可以救活好多人命。

死亡，好比漫长而肃穆的中场休息，而有些表演者依旧默默无闻地幕后，凭着最宽广和包容的心演绎出人性耀眼的光辉。正如李鹤振和施清秀这些人，他们，在生命的十字路口不曾退却，不曾懦弱，毅然决然地选择了大爱和重生。他们默默无闻，却毫无保留地传道授业解惑，用经受岁月沧桑的身躯为医学发展开辟康庄大道，他们用生命的细微承载着大爱的延续，镌刻了仁心的永恒。他们若星光，在黑暗的小径医路相伴，若朝阳，绚烂的光彩诠释着生命的真谛。他们，以身相许，遗爱人间。他们有着一个共同的朴实的名字——大体老师。

心存感恩，行念缅怀。作为一名医科学生，我如此幸运。漫漫医路上有您为点亮医者医德的明灯，我感悟着您的谆谆教诲，感动着您生命的神奇和精妙。还记得，我用冰凉的解剖刀划开您的皮肤，沿着神经和血管的走向摸索，我为人体结构的精细绝伦而惊叹，这每一根神经都曾孜孜不倦地传达着您的念想，每一条血管都曾孳孳不息地搏动着您生命的韵律。还记得，我颤抖的手摸着您身上的痕迹，小心翼翼地为您缝上黑色的细线，生怕一偏差缝错了毗邻的组织，您无言，尽管身上增添了一道道丑陋的疤痕。这具身躯，不仅承载着您生命的故事，更承载着一份厚重的爱，一份大公无私，奉献于医学教育和医疗进步的爱。我敬畏您不惧的勇气，叹慰您伟大的灵魂，对于您和您的家人毫无保留的信任以及崇高的愿想，我唯有将爱人济世永刻于心，奋斗不已，尽己所能不辜负您殷切的寄托。

无言良师，我在心底默祷，真挚地为您祈福。感谢您舍身育人作渡舟，让我拥有这弥足珍贵的机会去掀开医学神秘的面纱；感谢您以身相许作明灯，让我的灵魂经受医德刻骨的拷问和撞击。您崇高无私的情操，历经百年医疗进步和生死较量，永远散发着人性的光芒和温暖。

当我迈入医学的殿堂，我曾庄严地起誓：我志愿献身医学，热爱祖国，忠于人民，恪守医德，维护医术的圣洁和荣誉。健康所系，性命相托，不为利来，不为利往，永怀赤子之情，律己之心戒非分之想，时刻守住心底深处的医道底线，兢兢业业，清清白白，这是对生命基本的尊重和敬畏。我坚信，只有精湛的医术和崇高的情操，才能肩负起重任和使命，才能报答师恩。我在心底郑重地道声：谢谢！

叩问生命
——感恩大体老师

在小时候，我们最好奇的莫过于自己从哪里来，也听过爸爸妈妈的各种版本，比如石头里蹦出来的，渔船上捡回来的，而对于类似受精卵发育而来这样的解释也是一知半解。这种对于生命本身的好奇，一直延续，从而展开了我们对生命孜孜不倦的探索与求证。

5岁的时候，曾祖父因病逝世，这是我第一次接触到了死亡。它是那么无情，突然就带走了一个熟悉的生命，把他从我的世界撤销。那时年纪尚小，对于死亡，不过也是苍白、遥远的自我猜测与解释。

慢慢长大，开始疑问，人死了，会去哪里呢？会不会有天堂和地狱？会不会有上帝出现把你带去另一个世界？会不会有另一种方式的存在？难道人的一生会因死亡的扼杀而戛然而止吗？

之后，开始接触自然科学，直到自己成为一名医学生，才慢慢解开潜藏在我心里的诸多疑问。

回忆报考医学之前，周围的同学、家人跟我提过最多的莫过于说，学医的人都要借助已死之人的尸体学习解剖知识，他们讲得恐怖至极，曾让我一度担心自己能不能从容面对。

记得大一学习系统解剖学，第一章内容是运动系统。进入实验室，当看到各种形形色色的人体骨骼时，我悄悄地问了一下身边的同学，这些骨骼应该是模型做的，不是真的吧？同学默默地回了我一句，当然是真的！真的？！那是从哪里来的，难道真像爷爷告诉我的都是从太平间拖出来的吗？我也没有多问，觉得这应该是个禁忌的话题吧。我以为自己会害怕，会胆怯，曾经梦到过自己站在一堆切切白骨中，耳边充斥的是呼啸的风声，吓得抱头痛哭。但是面对这些骨骼标本，我非但没有害怕反而感受到了一种神圣庄严的氛围，仿佛觉得自己的肩上担负着一种独特的使命，我却无法用文字来形容。

也正是那天，我知道原来有一种美丽的称呼叫"大体老师"。

懵懂的大一，我对什么都是一知半解，人体解剖课上也只是习惯于循规蹈矩地学习大体老师的结构，掌握人体基本构造，其他却也并无多想。

到了大三，开始上局部解剖学，这意味着我们要亲自动手解剖人体标本。在上课之前，老师给我们播放关于大体老师的录像，并在我们开始解剖前带领我们宣誓，立誓尊重大体老师努力学习解剖知识！也正是这一天，我明白了原来大体老师是自愿捐献遗体给医学院，为医学生学习解剖提供最直接有效的资源，我心底的崇敬之情便油然而生。因此，每一次解剖课后，我都会认真地做好当天的解剖笔记，尽量不要遗漏每一个细节。

我们那组的大体老师是个60岁左右的男性，身材瘦小。所有关于他的一切我们都无从得知，只能通过对他的解剖进一步去推测和了解他：手上的茧很厚，应该是日常劳动所致；头部畸形，可能是受过外伤；心肺病变明显，可能死因就在此。关于他的生平事迹，我们真的是一无所知。我们的交流就是通过手术刀，通过一点一点的解剖，去探索和拼接。可能这种方式在旁人看来是多么残忍和无奈，但对于医学生来说，这的确是最真实、最有效的方式。

大体浸泡在福尔马林中，这样才能长久地保存下来。虽然这让我们的鼻子和眼睛受了不少罪，但也更加尊重大体老师，敬仰他为促人类之健康甘愿奉献自己的大无畏精神。第一次，我们真正地接触完整的人体，近距离地观察了解人体的结构；第一次，我们惊叹人体构造的奇妙与精巧，感受医学带给我们的醍醐灌顶。

大体老师就是一本无言的书，内容却是我们毕生都学不完的知识。如果说大一的系统解剖学实验课，我们看到的人体各部分的标本，是一颗一颗奇幻的星星，那么大三的局部解剖学，我们通过与大体老师的亲密接触，欣赏到的是整个浩瀚的宇宙并且自己也为这绚烂的夜空抹上了一笔浓墨重彩。

医学生们通过学习大体老师，掌握医学知识，以便以后更好地服务于人类健康。比如，掌握好人体解剖结构，会让从医后的外科手术进行得更加游刃有余；探究大体老师的死亡原因，掌握病变特点，有利于我们更好地了解疾病，攻克疾病。不仅仅是解剖学，医学的很多学科和科研活动，也需要大体老师的参与，可以说，大体老师是医学生们最亲爱最特别的无言良师！

生命，不就是以这样的方式得到了延续吗？大体老师的生命并没有因为死亡而终止，它已经融入了每一位医学生的血液中，源远流长。

后来，我又陆续了解了关于捐献遗体的流程与相关知识，和探访大体老师家属的同学交流。原来每一位大体老师的背后都有一段与众不同的故事，他们做出捐献遗体的决定有着不同的原因但是初衷却是相同：让自己的生命得到延续，为医学事业贡献自己的绵薄之力！

这样看来，死亡不过是可以被藐视的东西，因为，存在另一种方式的重生。

作为一名医学生，我陡然觉得自己担负着不一般的使命。大体老师把他们的身体交给了我们，我们就成为传递薪火的人。医者，治疾病促健康，只有掌握坚实的基础知识，才能更好地服务于人类，才能让大体老师们初衷得到实现。这样说来，我倒为自己有几次解剖课上开小差感到了一丝内疚。

中国人惯有"死留全尸"的说法，大体老师们能够冲破世俗的禁锢，其精神难能可贵，也让我们看到中国遗体捐献事业正在逐步发展和完善。我想以后非医学专业的同学问起我关于解剖课的细节，我一定会好好讲一讲关于大体老师的故事。

所谓生命，其奇妙之处在于本身看似脆弱如游丝，短暂如流星，实质却可坚韧似磐石，永恒如流水。流水不止，大体老师的生命不息！

领 悟

我以为我会自责
但是我没有
我只能望着您身上深深浅浅的伤痕
向您致以最后的祝福
这何尝不是一种领悟
让我明白学医这条路
虽然辛苦
但有您陪伴走多远都不会孤独

我以为我会懂
但是我没有
当日夜陪伴我的老师
改变了从前的面目
这何尝不是一种领悟
让我把未来看清楚
您给的知识
是我一生的财富

啊！一段教诲即将结束
啊！一份感动却没有荒芜
我的选择若是错误
愿您没有白白受苦
若全心全意传授
就应该满足

啊！多么痛的领悟
您曾经给了我您的全部
只是我回首来时路的每一步
都走的好辛苦
啊！多么痛的领悟
您曾经给了我您的全部

只愿我将您常记心中
从此医路有您
不再迷茫和无助

三个世界

大体老师会走过三个这样的世界。

第一个世界是他们拥抱、热爱和关心的世界。他们确实有这种大爱情怀，因为他们是选择奉献自己成就医道的大体老师。他们谦卑地把尚存人间的能给逝者灵魂一点安慰的肉体捐出以实现自己在这个世界的最后价值，在生命的最后一刻选择拥抱这个世界。温州首位遗体捐献者徐启荣先生写的遗书就是："'变废为宝，惠泽后世'，这是我的心愿。"

我们现在站在现实的角度来考量一下这件事，精神和肉体同时从他们熟悉的地方和亲人离开，相当于他们是完全脱离了存在过的世界的，这种死亡的惶恐和错愕阻滞了多少人捐赠遗体的念想，因为之后的事根本不在自己的控制和预期范围内，完全和活着时自己主宰人生一切的自然相悖，自己的隐私、尊严等人间底线统统交给了别人去随意触碰。我想这是作为我们普通人的一种疑虑和不安。同样是普通人，大体老师却跨出了阻碍，这并不是什么豁达、洒脱、乐观，而是因为深沉，对生命和医学理解的深沉，对这个世界爱得深沉。李鹤振先生到了生命的最后阶段时，告诉医学生们："你们将来会成为医师，我要把我的身体交给你们。你们可以在我身上划错几十刀、几百刀，将来千万不能在病人身上划错一刀！"我可以感觉李先生的爱谦卑得低到尘埃里了，宁愿被践踏也希望后来人少受点伤害，他深刻的选择给他想要拥抱、热爱和关心的世界深刻的感动。

我或许以后的某一天会用我的遗体捐赠书向大体老师致敬，现今你们在我面前，我愿意以一个被施舍者的身份说，谢谢您！

第二个世界是冷冻室、解剖室里的世界。1994年台湾慈济大学为破除国人根深蒂固的"死者为大""入土为安"的观念而大力推动遗体捐赠之风。"遗体捐赠者在过世8小时内急速冷冻到零下30摄氏度保存，在教学使用时再复温到4摄氏度，让医学生在最接近真实的人体上进行模拟手术训练"。慈济做的不仅仅如此，还让捐赠者留下了名字，并且在课程结束后还会对大体老师进行缝合入殓、火化、入龛的仪式，在肃穆的礼堂里完成对死者的最后追思感念。

我只能说是捏一把酸泪吧，从周围全是空气的人生突然走到一场全是福尔马林等化学药剂的碰面，继而面临的是开膛破肚，器官的横乱。更有甚者，无知的亵渎。我突然明白为什么有一天我在解剖室里看着同是学医学的同学在毫无避讳狂乱翻动大体老师的大肠小肠时我生出了极其厌恶和恶心的感觉，因为他不对。不过那时我无知得对大体老师没有产生多一点的敬意。我是最近才知道，大体老师有名字。志愿捐献遗体者留有基本资料和照片，供家属和学校师生瞻仰。我生出了极大的惶恐，原本我们当作学习的死了的器物是被代表着这个人的名字拥有的，大体老师有名字！我想过去了解大体老师从捐出遗体到进入医学教育的整个过程，但我无从得知。我喊不出他的名字，也不知道他从何而来，我更不知我该用怎样的心态再次面对他？我不知道。

我想人死无灵吧，至少这样，低温的冰冷、万剐的痛苦和黑幔的恐怖不会降临到大体老师身上。默默走过不为我们所知的这一切，大体老师依然保持着原来的音容来到我们面前。我们感到无言。慈济大学称他们为"无言良师"是极为贴切的。假如可以让我第一次进解剖室重来，在拉开尸袋之前，我会虔诚地默哀一分钟，小心翼翼地在大体老师身上学习知识，离开前还原器官的位置，封好尸袋。那现在就用我下一次的真诚去弥补吧。因为大体老师太不容易了，人本生而挣扎，奈何死亦摧残！在良知上、道德上，我们有理由让他们在这个世界也走好。

第三个世界是虔诚祈望的更美世界。那样一个更美世界里医学更进步一点，病痛更少一点，人们更快乐一点，这样一个世界承载了大体老师的殷切盼望。大体老师其实在科学面前是一种极其谦卑的态度，因为除了躯壳，他已一无所有，这种谦卑化作一种渴望，渴望能用自己卑微的躯体为科学做点贡献，让这个世界的人少点痛，让世界更美。作为医学生，我们被期待的努力就是对他们的最崇高致敬，大体老师期望的世界就在我们手里。无所谓成与败，意念早已在生前希冀了好多遍。我已献出一切，君当不负我。与诸生共勉！

愿大体老师安宁走过这三个世界！

生命的重量
——大体无言，却重若泰山

2014年，我们第一次和大体老师接触，其实在刚刚到中东的时候我们就听师兄说过实验楼在哪里，人解实验室在几层，而我们将第一次接触整整推迟了一年。

2014年春季的时候开始了系解的学习，实验课是在三节理论课的后面，在第一次走进人解实验室之前，我们对这种情形假设了好多次，是害怕？是恐惧？抑或对知识的渴求？或者是都有吧，总而言之心情很复杂，不少女同学都说要戴口罩之类的，因为福尔马林的味道对嗅细胞的刺激实在是不小。而进去之后感觉其实还好，因为一开始接触的还只是骨头，中间摆了三张推床，上面搁置的深绿色的袋子里静静地躺着三位大体老师。我们开始去接触那些骨头，岁月的痕迹在人解实验室里留下了烙印，铮铮白骨在无数的医学生研习之下早已失去了本该拥有的颜色，洁白的灯棒照耀下依然是暗黄残缺。我们一块块的辨认，椎骨、颅骨、胫骨、腓骨、椎间盘、肋骨……三节实验连排不一会就过去了，而从当初进门的纠结与浸润在福尔马林气味中的坐立不安早已变为了对照图谱课本对于知识的渴求。而第二次再进的时候，便显得无比自然，但看完肌肉便是奔波到住宿区去饭堂打饭，不少的同学还是觉得不能接受，可能每个人的接受能力还是不同的吧，不过一个月左右，实验室便像公教一样成了我们习以为常的地方，甚至有时候一待就是一下午，考试周则是抱着图谱在寝室安然入睡……

2013年以前，若不是报了医科，谁能想到小时候那么胆小，去标本馆都觉得害怕同时也有害羞的自己如今却能与大体老师零距离接触。实验室每次上课的几位大体老师，我们基本上都认识，因为不是局部解剖，所以我们只是对着图谱观看，不会让我们动手，因为才只入医学殿堂半年，知识储备显然不够，北校区好像有一位皮肤展示的大体老师，还有一位是血管造型的大体老师，不知是不是太过传统，每次我看到了这些大体老师安静的或坐或躺在实验室抑或是标本馆里面，都有一种深深的敬意。在思想传统的北方，如果想要进行遗体捐献，阻力不知道会有多么大，首先是入土为安的老思想，再有就是后代人想要留一个将来可以祭拜的地方。进行了不知道多久改土葬为火葬的运动在北方根本没有推广开来，想一想即使是政府下很大力度想要推广火葬，但是却依然在农民兄弟里面激起很大反应，更别提遗体捐献会让人多么反对。不知道大体老师是有多么崇高才会在遗体捐献书上写下自己的名字？不知道老师生前的时候他们的家属又是否有过反对？若是去世以后火化为灰，生命的分量不知会减轻多少？而当我一年以后于2015年在北校区再去看大体老师或者想着大三的局部解剖课的时候，心情又开始复杂？是崇拜？是敬仰？是不可思议？是对重如泰山生命的膜拜。

我曾问过自己的朋友，若是多少年以后，他们是否会同意遗体捐献，貌似不同意的占了绝大多数，而对于我自己，我也敢坦言自己现在真的做不到，我可以为科学研究奉献自己的一生，奉献自己的青春，把医生这个职业作为自己一生的奋战岗位，要不然当初也不会在高考志愿书的所有院校所有专业上面全部都写上医科类别。然而却过不了自己心中的那道坎，或许还是思想太过封建。曾经看到过一个美国的解剖纪录片，解剖老师每次面对大体老师的时候总是会先默默地致敬，眼神中便可以读出无限的敬意，而我想我们医学生不管什么时候面对大体老师也应该以一颗充满了敬意的心去完成所有的操作，要不是他们，医学事业怎么会进步？要不是他们，我们的经验又从何而来，一切的一切将会变成纸上谈兵；若不是他们，成长起来的医生们怎么会拯救更多的生命？对人本身的探索又怎能有所前行？像这些生命比泰山还重，"手把手"教会医生的大体老师们致敬。

生命短暂，而时光漫长；生前有限，而逝后无限；大体无言，您却教会了我们医学生们最重要的东西！从零下30摄氏度的每次解冻到4摄氏度，我们都心怀感恩，正是有了您们，医学事业才能不断地进步，医生们才会有临床上的成果，您有选择自己生命结束后安放在风水宝地的权利，但是您却选择了最崇高的一种，让生命在医学事业中延续到无限长，无数个医学生的大体老师，您的生命很重，我们仰视一生。

无言之师

走在道中，见榕荫之下您，无言；我，有念。时有捧束鲜花的人，忽的记起：今日，9月10日。

刚进入大二的新学期，师生之情并无高中时那般醇厚，只是如云烟般缥缈似有似无的罢了，故并未多想匆匆走过了。直至，学一门前，曾经不愿驻足的摊前，"医心遗意"令我想起那些不知被多少人忘却了的无言之师——大体老师。

我开始羞愧，羞愧伴随着我度过那一次次解剖课的大体老师竟在我脑海中渐渐消逝了，我开始记不得他的模样，也忘却了他的节日；我开始惭愧，惭愧那打开尸袋嗅到福尔马林味儿之时，面对这献出自己的遗体只为医学之未来的大体老师，嗅觉竟在这神圣的时刻使大脑产生厌恶之感……

您，无言；我，无语凝噎。因为，念的只是您生前的话语：有一天你们会解剖我，你们要记得，那是我圆满生命最庄严的一刻，而我，宁愿你们在我身上划错千万刀，也不要将来在病人身上划错一刀。

和风，煦日，草长，莺飞。您本可以选择在墓地中静静地躺着，在度过了人生的喜怒哀乐和跌宕起伏之后，享受生命最终点那属于您自己的宁静。任外界风雨狂澜，雷霆万空，茫茫山河大地将再次提供着保护，托体同山阿，让您不被纷扰搅乱心绪。继而在风暴过后，晴空万里，虹桥之下，等待着您的后人轻轻地在漆黑如夜的墓石前摆下一朵冰雕玉琢的白菊。

可是，您毅然放弃了这份宁静。黑暗的解剖室，刺鼻的福尔马林味儿，还有一群走在医路上的懵懂孩童，您选择将最后的一切留在了这里，任时光在生命完结之后继续将您风化殆尽。手指，摩挲。一次又一次，轻轻抚摸您那枯槁的皮肤，那些深于常人的皱迹，是岁月遗留下来的痕迹，诉说着您生前的种种。您允许稚嫩的双手触碰您的肌肉神经血管，允许愚笨的刀尖划过您的皮肤留下一条条刀痕，允许笨拙的缝合针扎出一个又一个再也无法愈合的小孔。您用您那冰冷的皮肤传递出的是您那温暖的无垠大爱；那超脱生与死的永恒距离，播撒于医疗事业的深沉的大爱。您想以您那一死之后的残躯托起将来可能消逝的鲜活生命。我不知道您这样的决定遭受了多少不理解的反对。伦理的枷锁太沉重了，压垮了不知多少曾抱有同一想法的志士，如今尚且如此，更何况您当时。

万里踩蹑，以此为归。您一步步走完生命的漫漫长路，而在最终之际选择这样一种神圣的方式开启生命的另一段旅程，让那一个个面对《日内瓦宣言》的杏林学子感受到所承受的生命之重；您以这份无形的世间大爱铸写出您那生命华章，以此教导那些如嗷嗷待哺的雏鹰般渴望汲取临床知识的学子；您用自己身上那条条刀痕，换来了济世救人的医者在与死神搏斗之时的镇静自若。人终有一死，或轻于鸿毛，或重于泰山。是的，死亡在您的面前只不过是生命凤凰涅槃的时刻，那腾飞焕发的火焰成了永恒不灭的灯火，而非片刻绚烂的烟花，您，一直在不乏恐惧、失望、迷惑的医路上为我们驱散迷茫的雾气，指明前行的方向。

上善若水，水善利万物而不争，处众人之所恶，故几于道。无言之师，我为大一时的懵懂无知向您致歉。今后，我不会忘，您无言的谆谆教诲，让杏林学子更熟稔那一个又一个支持生命的器官，驱散其心中那面对抽象知识的种种迷惑，泽惠着这些懵懂孩童；我不会忘，您甘愿让自己浸润福尔马林，本可以静躺墓地沂水春风却宁愿在黑暗的尸袋中静等一位又一位学生，为的只是千万次试刀之后在病患者身上换来那准确无误的一刀；我更不会忘，困难丛生的医学之路，有您这么一位无言良师一直陪伴着我们——大体老师。

离开了这小小的摊位，这带着那份无垠大爱传递出深厚感念的小小摊位，望见路上仍时有花束经过，不知，其中，是否有携向无言良师的。如果可以，在这一天，于标本馆，轻轻放上一束鲜花。至少在您的节日，还给您这本可享受的馨香与宁静。

您，无言；而我，将铭记。是日，9月10日。

寻 尸

"尔等已死之身，灵魂半日而散，特此准许你返回人间以尽心中未了事。"

我吃力地从沉睡中苏醒过来，脑袋里一片空白。环顾四周，白白的床，白白的窗，穿得白白的人们躺在白白的床上。回忆就随着这漫天的白色猛地冲入脑海，让人猝不及防。对啊，我已经死了，对生命最后的一点羁绊就在这间医院病房里慢慢地飘散，灵魂返回人间也是来到了这里。

透过自己飘荡在空中半透明的身体环顾四周，让我想起了我作为"人"的生前。我叫箫仁武，一人吃饱全家不饿，孑然一人地活着，然后又孑然一人地死去。简单明了而又短暂的一生，甚至都不需要我太用力地去回忆。从小在福利院长大，后来干着在地铁站推着小摊躲着城管的小生意，勉强生存。可是谁年轻的时候没有雄心大志要在这世间轰轰烈烈地干番大事业，我自然也不例外。谁曾想最后我却在不到30岁的年纪患脑瘤匆匆死掉。死得倒是干干净净，心中未了事也是没有，只是觉得自己这一生过得窝窝囊囊，不太值啊。

在我适应这自己现在这副轻飘飘的身体时，注意着自己生前住的床位上的老人。或许是不甘心自己活得太窝囊，不甘心自己就这样轻飘飘地消失了，我总是想要关注着那些与我生前有联系的东西，寻找自己所留下的痕迹，这样才足以证明自己曾活过。想想也觉得好笑，这个飘来飘去的自己就是最好的证明，这世界上我又哪有留下什么痕迹呢。

这是一位老妇人，病入膏肓，输着营养液显然是已经无法进食了，就这么静静地躺着，似乎活着，又好像已经死去。或许她的魂魄也会来到这间房，看见坐在旁边玩着手机打着电话的儿女们，感慨着人生的意义何在。我插着手靠在墙角，思考着如何才不会浪费灵魂飘散前的这最后一天，无意中瞥见老妇人床头的遗体捐献志愿卡。对呀，我怎么把自己的肉体给忘记了呢！因为自小无父无母，也没有兄弟朋友，担心自己死后没有人来给我处理尸体，只图个有人处理我的尸体，也没多想就索性签了遗体捐献协议书。这身体是我留在世界上唯一的一件东西了，好歹也去看一眼吧。

我飘过医院的过道，熙熙攘攘活着的人自顾自地行走着，停尸房里密密麻麻死了的人安安静静地躺着。死去的人们的面孔仍旧如活人一般鲜活，活着的人们的面孔也有着死人般的苍白。那死去与活着又有什么差别呢？情感，成就，金钱，还是权力？哪一样在人死后不会随着身体变为尘与土呢？没有。人类是伟大的，站在食物链至高无上的顶端，用智慧睥睨着众生。但是只是作为人类社会里沧海一粟的一员，你我又实在是太渺小与不足为道了。我们为家庭事业奔波了一生，便匆匆死去，留下一具即将腐烂的躯壳，灵魂也不知要飘向何方，那我们作为一个人存在的意义又在哪里呢，难道我们在这世上就留不下半点痕迹，没有半点让人值得纪念的地方么？

我慢慢飘过每一具尸体旁边，仔细端详着他们的面容。每个人生前都拥有自己的故事，不知道谁生前故事最精彩，谁的故事和我一样平庸呢？我敲了敲自己的脑袋，想这么多干嘛呀，找到自己的肉体才是正经事。转了一圈发现我的肉体并没有在这里，那去哪里了呢？我闭上了眼睛，认真地感受着自己肉体的方向。如果没猜错的话，肉体和灵魂是有联系的，或许我能感受到的。果然，我隐隐听见一个声音，"在这里，来这里吧。"跟着声音，我继续前行。

我走出医院，看见路旁的小孩子们在玩着捉迷藏，路旁的行道树在夏日阳光下闪烁着充满生命的绿色的奇异的光，世界上一切活着的物体都在欢笑，不知道死亡的无奈。我伸出了手，正午的阳光穿透了我的手心，灿烂地尖笑着。是啊，阳光都已经不再属于我了，只有过去是属于我的。我微微一笑，穿过林荫道，穿过楼间，穿过楼梯，来到了一个房间门口，直觉告诉我，我的肉体就在这里。

我好奇地探头往里看，似乎是一个解剖室，十几个穿着白大褂的学生认真地听着讲台上年过半百的老师讲解着什么，学生中间躺着几具用白布盖住的尸体，我确信自己的身体就在这里面。我倒没有急着去找自己尸体，只是悠哉地飘在解剖室的上空注视着这些医学生。说实话，我真心挺好奇解剖尸体的这个过程，准备看看。

"好了，我要讲的就是这些了，大家可以开始实际操刀了。解剖之前请先向你们的大体老师鞠躬，感谢他们奉献出自己的身体来让你们学习，造福人类。"话音刚落，我就看见一个姑娘揭开了中间那具尸体的白布，露出了我熟悉得不能更熟悉的身体。她深深地向我鞠了一躬，而后却没有立即拿起手术刀开始解剖，而是默默地注视着我的面孔。我觉得有点不太好意思，因为无论生前还是死后都从未有女生这样注视过我，仿佛让人窥探了我生前的故事，而我也能从那灼灼的注视中看见我们俩灵魂的共鸣。我的身体在这里躺着，我的灵魂却只能在旁边看着。女孩的温柔目光让我似乎就真躺在那操作台上，背后都能感受到那冰冷的金属触感，面前萦绕的女孩温柔目光就像我刚刚伸手去触的阳光，那么明媚，那么温暖，却注定与我无缘。

这一刻，时间似乎也为了我们俩驻足。灵魂的交融就是这么奇妙，哪怕我们从未有过任何交集，哪怕只是一个目光的接触，哪怕我已经死去而她还在生命最灿烂的年纪。我的内心汹涌着一种感情，无法言说，只感觉心底深处有一点亮光，想要抓住，却始终抓不住那一点亮光。

这是，那姑娘收回了那如水般温柔的目光，微笑着对"我"说：

"谢谢你。"

我愣愣地站在原地，任何话语都无法表达我当时的震惊与感慨，一瞬间我抓住了自己心底的那一点亮光——我生命的意义，内心澎湃着骄傲与自豪。我的生前是如此的平庸，以至于我死后也没有在这世上留下痕迹，连自己也在怀疑自己存在的价值。而现在，我知道自己并不是一个飘过世界的幻影，我奉献出自己的身体，甘为人类进步阶梯上的阶石，造福了千千万万的后代。他们虽然并不会知道我的名字或者记住我做的事，但是人们血液里流淌着对为人类进步而奉献的人们的感谢与纪念，这已经是作为一个人存在最大的价值与成就了，我感受到了自己作为平凡人的伟大。

我似乎都能感受到那姑娘温暖而微微颤抖着的手触碰着我的肌肤，留下一片温柔的触感。手术刀舞蹈般一层一层地划破我的尸体，与我的血肉融为一体。突然，她一个不小心在我的身体上划出了一个丑陋的口子，自责无比。我笑了笑，轻轻飘到她的身边，虽然我知道她不可能听见我说的话，可是我还是在她耳边说："我宁愿你在我身上划错千万刀，也不愿你以后在病患者身上划错一刀。"她的眼眸慢慢地明亮起来，我知道她听见了，她能够明白我。我随着她的手术刀一点一点地了解着自己的身体，体味着这一刻的奇妙。

时间总在人们最陶醉的时候匆匆流逝，我随着那姑娘走在夕阳西下的校道上，阳光在消逝前总是那么辉煌而温柔。看着自己慢慢变淡的身体，我知道自己的灵魂就要消逝了，心里却没有一丝的不舍，反而是无限的释怀。慢慢地，我开始随着风温柔地抚弄往上飘，越来越高，越来越远。我看见那个温柔的姑娘用熟练的手法缓解着患者的病痛；我看见睡在我床位上的那个老奶奶的灵魂飘在我身旁，露出了和我一样释怀而又自豪的微笑；我看见了至善广场上那双托住新生命的双手雕塑，那是千万遗体捐献者的手托起了生者的希望。

飘到极高的高空，我的灵魂却在几近透明的时候，爆发出最后的力量，变得如阳光一般耀眼灿烂，最终化作一缕阳光，滋润着万物生灵。

原来你还在

平淡的日子过了一天又一天
空中的流云又飘过了好几片
坐在窗前,我又开始了对你的思念
朦胧双眼,真不知何时才能停歇

还记得那天,你没有入殓
没有阔气的排场,只有哭红的眼
一至深夜,我的心中便是自责万千
我不孝吗?你的名字只被刻在了纪念园

怎么能忘,养育我的是你的饭菜喷香
你的粗糙双手,你的语重心长
从小到大,我都一直懂事听话
你叫我长大成材,我便天天向上

找到工作,我终于能回报你的恩啦
起起落落,但一想到你的笑容我就不再害怕
如今你啊,已是满头苍苍白发
我只求伴你安度晚年,手挽着手走过地久天长

可是那天,一份同意书摆在了我的面前
你微笑说,快签了吧那是你最后的心愿
也是那天,我竟忤逆了你啊
摔门而去,只留下你泪水嗒嗒

你的抽泣,我夜夜听见
但想到那万剐千刀,我也辗转难眠
百年后,我多想你入土为安,走得风光
可如今,你,是想让我不孝吗?

想起儿时,我也曾这样缠着你买糖

恳求变成哀求，这时的你却是多么无助可怜啊
我紧紧抱住你，说我同意啦
现在，就让我帮你完成最后的心愿吧

简简单单，你走啦
在这辽阔世间，也没给我留下一处
想念你时，可以哭诉的地方……

一天，几名医学生找到了我的家
给你送上了百合花，也分享了我的哀伤，我的牵挂
当听见他们叫你"老师"啊
我的泪水，便又湿了眼眶……

原来你还在，只是换了一种身份啊

原来你还在，我又好似看到了鲜活的你
笑着看着我，温柔慈祥

原来你还在，还不忘告诉我生命的大智慧啊
其实死亡并不可怕
何不化作春泥
去滋养那生命之花悠然绽放

原来你还在，当我想你的时候
也终于有了微笑
不再只是闪着泪光

第四篇

高 山 景 行

  本篇讲述了中山医学院志愿捐献遗体登记接受站和"医心遗意"遗体捐献志愿者协会的成立、发展的故事。希望通过我们的故事案例,让社会上更多的人能了解"遗体捐献"的目的、意义和途径,让更多的人关注和推动人类健康与医学事业进步。

梅柳馨香常依旧　灵根本是吾家有
——遗体捐献山重水复

从 2001 年中山医学院志愿捐献遗体登记接受站成立至今，历经十五个春秋，遗体捐献事业的点点滴滴已然汇聚成流，流淌在每个中大人的血液中。一位中山医学院的老师曾说到，"将我院遗体捐献事业的发展比作一个孩子的成长再恰当不过了，从为推进医学研究的应运而生，到发展时的举步维艰，再到壮大时的一呼百应，一路走来，遗体捐献带给我们的感动坚定了我们继续下去的信念。"接受站作为遗体捐献事业的开端，引出了医心遗意志愿者协会的成立，引出了遗体捐献全民科普的热潮，更是引出了完善遗体捐献体系的一系列工作。

一、关于捐献站，不可不知的二三事

广州市志愿捐献遗体工作的开展始于 2000 年，当年一群东江纵队的老同志自发要求去世后将遗体捐献给医学院校用于科研教学，然而由于种种原因的限制，当时没有任何法规作为依据，致使相关单位难以接收和使用捐献的遗体。其实，早在 2000 年之前，欲捐无门而导致遗体流捐弃捐的状况就时有发生。另一方面，国内医学院严重缺乏人体解剖标本，医学事业的发展停滞不前的情况也亟待解决。

经过多方努力，2000 年 11 月，广州市红十字会同市民政、卫生、公安和司法局联合颁布《广州市志愿捐献遗体管理暂行办法》，与市卫生局共同印发《广州市志愿捐献遗体登记接受站工作规范》，对遗体捐献的申请登记、接收和使用进行规范管理，广州遗体捐献工作开始有序开展。我校积极响应号召，于 2001 年 1 月 5 日成立了广州市第一所接受站——中山医学院志愿捐献遗体登记接受站。目前，广州市共设有中山大学中山医学院、南方医科大学、暨南大学医学院以及广州医学院 4 所志愿捐献登记遗体接受站。

曾参与拟定《广州市志愿捐献遗体管理暂行办法》的徐杰教授回忆起遗体捐献接受站的建立及发展过程，不无感慨地说："从医学上来讲，遗体捐献是必需的。遗体捐献是为医学生的学习服务的，这是间接的作用。而器官捐献可以救很多人，这个意义是很大的。广州市的市民素质非常高，非常支持遗体捐献事业。早期我们捐献站的条件很差的，现在改善了很多，并竖立了很多纪念雕塑。希望未来捐献接受站能在重视遗体捐献的正面新闻宣传的同时，继续做好服务工作，发现问题及时解决，不断改进工作朝着更好的方向发展，让前来捐献的人感觉找到真正的归宿。"

二、当论及遗体捐献，我们在谈些什么

> 在这儿，您选择将自己奉献
> 死神之镰如寒风般刺骨
> 却不足以冷却您家人眼中流露的温情
> 也无法隔断您炙热的灵魂为我们带来感动
> 愿选择在此为生命画上句点的无语良师们
> 生如夏花之绚烂，死若秋叶之静美
>
> ——致大体老师

遗体捐献，即指人自然死亡后将自己的遗体的全部或者部分捐献给医学科学事业的行为，是奉献自己造福社会的高尚人格的体现，更是社会文明进步的象征。志愿捐赠遗体对移风易俗、殡葬改革、促进我国医学事业的发展有着重要的意义。这种公益行为，是人生命的另类"延续"，更是人生命的升华。

目前，捐献遗体主要用于：一是医学教育，供医学院学生教学观摩和解剖，这是其他任何教学方式不能代替的；二是医学研究，能进一步分析、研究疑难病症，总结经验，提高诊断水平；三是器官移植与修补术等。

"以本无用之躯，尽最后有用之力，才算给自己的人生画了句号"。

这是一位已将遗体捐献给祖国医学事业的普通人最后的心声。遗体捐献者捐出的不仅仅是"身躯"，更向社会展示了伟大而崇高的"人道、博爱、奉献"精神，从而增进人们对生命价值的认知。也正是这样的时代勇士愿意把人身最后的光和热洒向人间，为人类的健康和医学事业的发展做最后的贡献。

中山医学院志愿捐献遗体登记接受站作为广东地区遗体捐献事业的"领头羊"，登记人数及实现捐献人数都占广州市四个捐献站总数的70%以上。

表4.1.1 中山医学院志愿捐献遗体登记接受站历年遗体捐献统计

年　度	登记人数	捐献人数
2001及以前	183	8
2002	103	2
2003	49	6
2004	28	10
2005	50	9
2006	35	15
2007	41	10
2008	62	15
2009	59	16

续上表

年　度	登记人数	捐献人数
2010	75	16
2011	84	24
2012	109	29
2013	103	28
2014	101	30
2015	105	31
总计	1187	249

截至2015年12月止，已有1187人登记自愿捐献遗体，接收捐献249具遗体。其中捐献者有军人、老干部、教师、医生等。他们作为敢于打破习俗捐献遗体的勇士，一定程度上缓解了广州地区医学教育和研究中心人体解剖学标本过于紧张的状况。

早在2011年，我院举办的一次参观医学标本馆的活动中，广东省解剖学会副秘书长、中山大学副教授初国良就表示，"近年来，随着市民观念的改变，遗体捐献越来越踊跃。前些年，中山大学医学院每年接受遗体捐献才1～2具，今年已经接受自愿捐献遗体28具，超过广州市总量的三分之一。捐献者来自18～80岁的各个年龄层，基本以老年人为主。前一段时间因血癌而逝世的18岁女孩邹佳茵，她的遗体也已捐献给中山大学医学院。"同时据调查显示，遗体捐献也正逐渐为市民所接受，捐赠数量呈现逐年上升的趋势，中山一院的一位护士长，全家成年人都登记了遗体捐献，并已经达成捐献4次。市民陈先生，全家已经达成捐献遗体6次。然而，志愿捐献遗体情况的改善并不能成为我们盲目乐观的理由，初教授也表示："遗体捐献依然有很大的缺口，本来按照临床医学教学标准，平均每4名学生解剖1具遗体，但目前国内大多数院校只能十几个学生解剖1具遗体，我们学院八年制学生平均6～8名同学才解剖1具，五年制学生平均8～10名同学才解剖1具。"

三、包围遗体捐献事业的重重迷障

为何我国遗体捐献事业的发展迟缓不前？

总的来看，一是遗体捐献作为我国的新生事业，其相关机构体系的不成熟、法律法规的不完善使本来就为数不多的有捐献意愿的市民望而却步；二是我国的传统伦理观念"入土为安"对遗体捐献事业的制约，家人反对、社会舆论等压力导致大量遗体捐献的流产；三是社会媒体对遗体捐献的宣传力度远远不够，造成我国居民对遗体捐献的认知、接收程度均处于较低水平，有些民众由于不懂捐献相关的法律法规或者不知道捐献的途径而在奉献爱心的路上受阻。政策法规的滞后、接受机构的稀少、人文关怀的忽视以及传统思想的桎梏，种种原因牢牢地牵制着我国遗体捐献事业前进的脚步。

"尤其由于市民观念等原因，广州的遗体捐献工作比上海、南京等城市还要落后"，据广州市红十字会原专职副会长欧阳炳惠介绍，上海于20世纪80年代就开始倡导遗体捐献，市委书记亲自带头签名捐献，起到极佳的观念引导效果，目前已总共有 2 万人登记自愿捐献遗体，南京也有几千人登记，而广州总共才 1000 多人登记。现今医疗卫生水平不断提升，但受限于医学教学资源的匮乏，医学事业发展仍相对缓慢，医学院需要来自社会更多的支持与关注，更好地为祖国培养医德完善、技术合格的医疗工作者。

心本匪石岂能转　微斯人其谁与归
——"医心遗意"志愿服务的故事

2012年的春天，中山医学院"医心遗意"协会成立了。2012年的夏天，遗体捐献志愿服务基地成立了。它们是风，吹拂西关，深入社区，在城市的各个角落里留下痕迹，也在市民们的心中留下了声音。与此同时，它们也携着雨——志愿者们的情感与精神，化入土壤，改变风俗，恩泽更广大的人民。

人间有小爱，更有大爱。小爱，是脸上的微笑，是亲切的问候，是严肃认真的问诊。大爱，是改变风俗的勇气，是无私奉献的精神，是回报祖国的感恩之心。

"医心遗意"志愿服务的故事，从这里开始。

一、"医心遗意"——行动的原点

愿化作一颗流星
点缀医学的殿堂
挥洒最后的光和热
把医心照亮

也不愿那无用残躯
在土中静静腐朽
被遗忘被遗弃
枯萎成寂寞的芳魂一缕

花朵从枝头落下
留下满室清香
生命虽然终结
还有骊歌回响

皮囊来过
也终将被滚滚红尘吞没
但灵魂不曾离开
"他们"与"它们"的故事同在
与我们同在

在中山大学中山医学院原副院长陈省平的大力倡导下，中山医学院"医心遗意"遗体捐献志愿者协会（以下简称"医心遗意"）以中山大学中山医学院遗体捐献办公室为依托，于2012年3月正式成立。当年暑假，广州红十字会联合中山大学中山医学院成立了广州市第一个遗体捐献服务基地——中山医学院遗体捐献志愿服务基地（以下简称"服务基地"），基地依托中山大学医学标本馆，通过"医心遗意"志愿团队的宣传服务活动，推广广州市民为医学事业志愿捐献遗体的善举。

"医心遗意"旨在通过宣传活动和志愿服务，让更多的市民了解和认识遗体捐献事业，让每一位医学生更加尊重我们的遗体老师，以勤奋刻苦、努力求学的态度回报遗体捐献者的无私大爱。（见彩图图4.2.4）

"首个"中山医学院遗体捐献志愿服务基地的背后到底承载着什么？一份信任，一种责任，一份担当。当世人还不能接受甚至抵触遗体捐献这一概念时，我们就在努力，一点一滴将这个概念融入大家的生活中，渗透到每一个人对死亡的观念中去。越来越多的人选择利用自己的无用之躯去创造生命消散后的有用之举，给一代又一代的病人和医学生带来福音。

自"医心遗意"团队和服务基地成立以来，多方吸纳学生志愿者，多次在越秀区社区、西关小屋、六榕寺以及尊老康乐协会举行宣传活动。以品牌活动西关小屋为始，到协会深入社区，在越秀区社区、六榕寺等处进行科普宣传，再到针对中老年人群的敬老系列活动——金宝老人院的探访、尊老康乐园的宣传等活动。

现阶段"医心遗意"协会的成员已发展至近两百人。怀着滚烫的博爱之心，担起属于新时代新青年的责任，用青春和热情参与到社会实践中，运用经历严格培训后掌握的一定专业知识技能，熟知遗体捐献的相关知识和宣传技巧。他们通过不断努力，让更多的人知道并了解遗体捐献相关知识，逐渐改变中国封建社会关于"生"和"死"等问题的传统观念，让更多的市民关注或亲身参与到遗体捐献事业中去，为祖国的医疗卫生发展献出来自血肉之躯的光和热。（见彩图图4.2.2、图4.2.3）

"医心遗意"团队和服务基地的发展获得了各部门领导的关注。除中山大学团委和中山医学院领导不时为协会活动的举办提供指导意见外，广州市红十字会负责领导曾多次对协会的工作予以支持和肯定。广州市政协原副主席司徒梅芳女士也对志愿者协会给予高度评价。

"医心遗意"，暮春始创。
入社区，志服务，推遗捐（遗体捐献），易风化。
八出西关，再访长者，情播六榕，爱传五地。
市民感之，或以言励，或表大义，登记遗捐。
群芳化土，其香尤远。
春雨入泥，恩泽天地。
百年之后，遗爱人间。

二、西关小屋——爱心寓于行动，遗志扬于身后

"西关小屋"，即幸福广州城市志愿服务站，是由广州市共青团统筹管理的志愿服务站，遍布在广州各区，主要分布在旅游景区、商业中心、特色居民社区等。他们是市民奉献爱心的集散平台，也是青年参与社会实践的基地。

人民公园站，城市原点站，城隍庙站……"医心遗意"的志愿活动，起飞！

来自"医心遗意"的大批志愿者在市红十字会的协助和帮助下，依托于"西关小屋"的站点，向市民开展遗体捐献知识宣传活动，并向市民提供义务测量血压和义诊等服务。尽管活动吸引了不少潜在的捐献者，但关于遗体捐献的宣传工作并非一帆风顺。

针对部分市民由"遗体"二字引发的排斥心理，协会志愿者通过派发急救知识手册及礼品消除市民的紧张情绪，并协助有志于在身后捐出遗体的热心市民登记个人信息。（见彩图图4.2.5、图4.2.6、图4.2.7）

"医心遗意"将"西关小屋"作为一个长期宣传平台，向市民普及捐献知识，并且提供即时的遗体捐献指导。在这里，志愿者们与市民们进行面对面的直接交流，消除了市民们原本对"遗体捐献"误解和偏见，使市民对"遗体捐献"有了更深入的了解。

"西关小屋"宣传活动锻炼了志愿者们社会实践的能力，增强了他们服务社会的意识。即使有时活动进行得比较艰难，志愿者们的脸上也时常挂满笑容，丝毫不减奉献之心。积累了活动举办经验后，有了长足发展的协会自然而然在"西关小屋"的基础上，向周围社区进行扩散，离实现协会的美好愿景更近一步。

在"西关小屋"开展的遗体志愿捐献常规宣传活动，持续推动着公众的思想观念转变，对广州市遗体捐献公益事业的发展大有助益。

三、走入社区——志愿服务的深化

"医心遗意"志愿者前往广州"四大丛林"之一的六榕寺，对寺庙的僧侣及工作人员进行急救知识培训，并为六榕寺的僧侣及游客带来了一场别开生面的遗体捐献宣传活动。

其间，协会成员与僧侣进行了友好交流。僧侣们对遗体捐献事业的洞见，也令志愿者们感悟颇多。佛法中的"普度众生"等内容，与遗体捐献所宣扬的"大爱无私"不谋而合。"大慈大悲大愿行，大生大死大涅槃。"僧侣们希望我们今后能组织更多类似的宣传活动，向世人宣传介绍遗体捐献，持之以恒，以磨灭不符合现代精神的陈旧观念。（见彩图图4.2.8）

以六榕寺科普培训为契机，"医心遗意"组织有志医学生们定期深入社区。不论活动规模大小，都全情投入。志愿者们恳切的言辞和真诚的行动，赢得了广州市红十字会、越秀区政府、各社区相关人士的大力支持。

协会在社区的活动以海报宣传为主，充分覆盖越秀区主要社区的宣传栏，并为该活动进一步扩展到广州市其他社区积累经验。"医心遗意"还于社区、街道、医院等公共

场所专门设立了"爱心公益宣传栏"。根据场所的不同类型,在普及相关的健康小知识或就医常识时,以民众易于接受的方式,宣传遗体捐献的知识。(见彩图图4.2.9)

拥有医学生和志愿者双重身份的"医心遗意"成员们,利用自己所学的知识技能,服务社区,让科学知识传播到更广阔的人群中。社区宣传活动的开展不仅给社区居民带来了医学基本常识、遗体捐献知识和相关护理服务,使协会志愿者们得以真正地深入社区,积累社区服务经验,为今后的志愿工作打下坚实的基础。

四、敬老爱幼——志愿服务的深化

"人道无界,博爱无涯,奉献无悔"。

敬老爱老行

除了"西关小屋"和社区内举办的多项宣传活动外,"医心遗意"专为老年群体开展了一系列敬老爱老活动。

2010年8月,应广州市政协原副主席司徒梅芳女士的邀请,志愿者来到位于广州市光塔路的尊老康乐协会。尊老康乐协会以"一切为了长者的健康快乐长寿"为方针,"医心遗意"也正是秉承了相同的理念。向老人们宣传遗体捐献知识,宣讲活动得到了在场老人的热烈反响。

医学的进步,带来对身体健康更好的保障,也是老年人这个群体的福音。而遗体捐赠用于学习和研究,能推动医学事业的发展,故遗体捐献逐渐为更多人接受。

"医心遗意"还曾与广州老人院、金宝老人院等组织合作,召集大学生志愿者定期探望敬老院的老人们,和他们进行贴近心灵的交流,让他们感受到快乐与温暖。同时面向老年人,定期举办遗体捐献知识的相关讲座,让他们了解遗体捐献的现状与意义,为有意愿将亡故后的躯体献给医学教育和临床治疗的爷爷奶奶们提供指导和帮助。(见彩图图4.2.10)

志愿者们走进养老院,关爱老人,践行公益,以实际行动来感召更多人奉献自我,服务社会,从公益中收获快乐。前人栽树,后人乘凉。今日的奉献将成就明日的医学硕果,惠及千家万户。正是怀着如此美好的愿景,"医心遗意"坚持不懈地向社会各界推广遗体捐献宣传工作。

第二课堂——"一切从娃娃抓起"

"医心遗意"将遗体捐献知识"带入寻常百姓家"。

从2015年开始的"第二课堂"的项目,以对中小学生的健康教育为依托,让生命、健康、医学的概念融入他们的脑海中,并使他们从小可以接触遗体捐献的相关知识。(见彩图图4.4.5)

遗体捐献事业的繁荣,"医心遗意"期待更多人的加入。小溪汇聚成汪洋的那天终将得见。

五、同道携手——在交流中进步

"医心遗意"志愿者协会自成立以来，与遗体捐献接受站相辅相成，大大推进了广州市遗体捐献事业的发展。随着协会的逐渐壮大，社会各界对遗体捐献的关注也更加深入广泛。

2013年4月，广州市红十字会组织召开了首次遗体捐献工作座谈会。中山医学院"医心遗意"志愿者协会代表杨茜同学就协会成立一年来开展的各项工作进行了介绍，还代表广大医学生表达了对"无语良师"及捐献志愿者家属们赤诚的感恩之情。广州市政协原副主席司徒梅芳女士（2002年成为遗体捐献登记者）及其他家属代表对我市遗体捐献工作提出恳切建议。

2013年9月，借着教师节的余热，中国红十字会总会报刊社吴芯雯社长、广东省红十字会吴小屹部长来我院调研遗体捐献相关工作，第二次遗体捐献座谈会在中山医学院召开了。会议虽然简短，却让我们深切感受到了遗体捐献事业的任重道远。

2014年4月28日，由广州市红十字会组织，市民政局、卫生局、司法局、公安局、各遗体捐献接受站有关部门负责人参加了以"弘扬遗体捐献者无私奉献的精神，促进我市遗体捐献的长足发展"为主题的第三次遗体捐献工作座谈会。座谈会上，中山医学院遗体捐献接受站就综合日常遗体捐献接待工作过程中遇到的困难及每年的集体追思活动家属反映的情况总结了几个问题（遗体交接、遗体捐献产生的费用、异地捐献、纪念碑刻名等）向有关部门提出，推动相关问题的探讨与解决。

中国红十字会来我校考察遗体捐献工作时，来自中山医学院临床八年制的杨茜同学作为学生代表向中国红十字会的老师们汇报了工作情况，得到了中国红十字会的认可和赞扬。

每一次交流座谈会的成功举办，都是一次反思总结与进步，有力地推动着广州市遗体捐献事业的发展。座谈会在与会人员热烈的掌声中圆满结束时，与遗体捐献有关的工作却仍在热火朝天地继续着……（见彩图图4.4.6）

聚是一团火，散是满天星。

2012年9月23日，"广州市红十字会四校大学生遗体捐献志愿者交流活动"在中山大学北校区锑锯堂成功举办。"医心遗意"的志愿者带领红会和各校学生代表参观了北校区"纪念大体良师、弘扬仁心大爱"之精神圣地——感恩广场、医学标本馆，表达对捐献者的深深敬意，体会"因知而治"的深刻内涵。（见彩图图4.4.7）

这次交流会，也让四个团队企盼在不久能够更好地合作，齐心协力，共促中国遗体捐献事业的发展。（见彩图图4.4.8）

"士不可以不弘毅，任重而道远。"

2013年9月，中山医学院"医心遗意"遗体捐献志愿者协会与南方医科大学"医鸣警人"社会实践团体的交流活动顺利进行。

　　自首次携手后，秉承相似信念的"医心遗意"和"医鸣警人"两个团队，为着相同的美好愿景，展开了更为深入的合作，宣传器官、遗体等捐献对于医疗、教学、科研工作的重要性，转变人们的传统观念，使人们了解器官捐献的意义，增进中老年群体对遗体捐献的认同以及感念和尊重遗体捐献者们。（见彩图图 4.4.9、图 4.4.10）

　　与同伴们之间的信息交流和相互鼓舞，更坚定了"医心遗意"志愿者们将遗体捐献公益活动进行到底的决心！

繁英离枝不归尘　杏林草芥犹怀恩
——"医心遗意"为缅怀

据说，凡人皆有二死。第一次，是肉体的衰亡。第二次，则是他抑或她留在旁人记忆中的形体，在时光的车轮徐徐滚动时，渐淡成边缘模糊的烟影，终由烟影回归空无。

无人敬，无人歌，也无人哭。

但大体老师不应有第二次死亡。需以最长情的怀念，回报最无私的陪伴。

墓园，教室，大体老师亲人家中，到处都有我们的身影。所有的一切，都是为了不忘却的纪念。

一、为了不忘却的纪念——校园里的追思

"大体老师"是医学界对遗体捐赠者的尊称。遗体捐献者因他或她无私无畏、崇尚科学的精神，自愿选择在亡故后，留下自己的身躯，点一盏灯，照亮医学生们跨入专业门槛后进行基础医学课程学习的路。

君子终日行不离辎重。迢迢医途，先知死，其后方能知生。大体老师们陪伴着医学生走过。"它们"始终沉默地停留在原处，日复日来年复年陪伴着一届又一届医学生的成长，而陪伴是最长情的告白。医学生们须前行，但不可因此拒绝来自怀念和感恩的重负，让无声奉献的大体老师们遭受第二次死亡。

"新竹缠绕旧竹枝，全凭老干为扶持。下年再有新生者，十丈龙孙绕凤池。"

这里是校园。

每学年伊始，在雕像静立、枝木摇曳的至善广场，或是在窗明几净的人体解剖学实验室，总有一群医学生站在解剖台前，向捐献了遗体的"无语良师"献花、哀悼，在庄重的缅怀仪式上默默许下肩负生命的誓言。

解剖课前短暂的"追思大体良师"仪式，每年都会重现。这是为了不忘却的纪念。（见彩图图 4.3.3）

时如逝水，爱似星月。水流过，星月留下。

夏末秋初的苍穹下，中山大学北校区学一饭堂门口熙攘的人潮间，生出棵树来。在和煦的日光里，于初秋尚未褪去夏季灼热的微风中，片片翠色欲流的叶摇曳着，携满对无语良师的节日祝福。白洁的画布构成远景，其上皆是医学生们书就的姓名。墨迹百转千回，仿若以肃穆和静默隔空滋养那"纪念之树"，助它繁盛，使它的死敌"忘却"不敢靠近。（见彩图图 4.3.4）

每年 9 月 10 日，"医心遗意"都会举行"教师节感恩大体老师签名留言活动"。此项略显独特的感恩活动能够自 2012 年首次举办后成功延续下来，融入中山医学院的传统，少不了"医心遗意"志愿者们的团结合作和院内同学的热烈响应。

教师节当天，从临时纪念小站旁经过的同学都停下奔忙的步伐，怀着对大体老师衷心的敬意和感念之情，积极地参与到活动中来，或在画布上签名，或用留言板记下对大体老师的节日祝福，或将写着感恩话语的绿色叶形便签贴满"纪念之树"的枝杈。

"重新肯定向死而生的意志，并于重新肯定之际为意志的不可穷尽而欣喜。"尼采所言，亦触及"教师节感恩大体老师签名留言活动"的核心——"践行医者使命，弘扬大爱精神"。（见彩图图 4.3.5）

二、为了不忘却的纪念——墓园里的缅怀

你们选择了奉献，用自己的身躯，助我们医海之行扬帆启程，生命的终点化作永恒。

我们下定决心坚持，传承这份大爱，去守护更多人的健康，不负性命相托。

无语良师们，我们虽无血脉之亲，但这份弥足珍贵的授业之恩，却让我们铭记一生。

在莘莘学子心中，生命的丰碑俨然屹立。

浓云笼罩在高空，淅淅沥沥的雨斜洒在冰凉的黑色石碑上。微凉的风伴随着远处传来的脚步声寂寞地低语，仿佛在哀叹什么，也仿佛在感谢什么。

这里是墓园。

每年清明时节在广州市红十字会的统一组织下，中山医学院师生代表组织大体良师家属来到广州新塘中华永久墓园，与遗体捐献者家属一道拜祭、缅怀已实现捐献遗体宏愿的无语良师们。（见彩图图 4.3.1）

缅怀仪式开始，首先全体为捐献者默哀三分钟，蒙蒙细雨仿佛也通晓了人们的哀思，轻拂在每个人的脸上，诉说着大体老师对社会、对医学的无限热爱。医生代表随后的发言，代表中山大学附属医院的医生，向遗体捐献者及其家属致以最崇高的敬意，以及最真切的慰问，并表示"一定会用我们的行动将这无言的爱传递到每一个病人，传递到每一个角落"。而"医心遗意"志愿者则代表中山医学院全体医学生对大体老师表达了感激，"他们舍身涅槃，幻化为璀璨繁星，点缀着医学殿堂的夜空，照亮莘莘医学生前行的道路。"最后，医生代表、学生代表分别向大体老师敬献了鲜花，寄托着中山医学院对伟大的捐献者的哀思。（见彩图图 4.3.2、图 4.3.3）

清明节公祭活动是"医心遗意"的例行活动，从 2012 年协会成立开始，一年一度，气清景明，祭之以礼。活动以"感恩、教育、纪念"为目的，用赤诚之意庄重纪念，将大爱精神感恩于心。"人，诗意地栖居在大地上"，面对先人的照片或墓碑，表达浓浓的思念和真诚的敬意，是我们生活在这片古老土地上的幸福和动力。这神圣的生命交流仪式，一年年轮回、一代代传承，是中华文明生生不息、源远流长的新的有机构成。

耶鲁大学医学院临床外科诺兰教授曾说:"一个医学生初次面对身体的感受,将会决定他以后面对病患的态度。"

作为医学生,在第一次接触到大体老师之前,解剖实验室仿佛禁地密室,带着异常的神秘感。倘若在你第一次见到大体老师时,就没有庄严的仪式,更没有感恩的尊重,只是机械化般冷酷地学习观察,没有情感的付出,没有人文的感动,更不懂得奉献的意义。

当有朝一日,我们成为合格的医师,这一切的一切都要感恩我们的大体老师,他们就是一本本无言的教科书。他们的巨大牺牲,他们的无悔付出,只求我们最终能在患者身上画下正确的一刀。

这是一位医学生的感恩。

如今的我们面对一个个急需帮助的病人,我们更加确定以及感激,老师们的奉献是任何图谱、录像或其他模拟设备都不能代替的。"纸上得来终觉浅,绝知此事要躬行",唯有经过亲自、大量的实践训练,我们才可能自信地完成一台台真实而严谨外科手术。正是遗体及器官捐献人士的无私奉献才给了我们医生宝贵的实践机会。

这是一位医生的铭记。

"中国人对先人的祭祀是道德信仰,是表达情感的诗意之举,是发自个体情感的感恩与缅怀。冯友兰曾说,'行祭礼并不是因为鬼神真正存在,只是祭祖先的人出于孝敬祖先的感情,所以礼的意义是诗的,不是宗教的'。谁都清楚,祭奠的酒馔'一滴何曾到九泉',但我们却相信亲人、先祖能够领受我们的情意与祭奠,这种庄重的仪式是一种情感的、诗意的、道德意义上的真实,这是尊重生命的不绝之流。"(摘自:《新京报》)

面对我们的无语良师,虽无血脉之亲,却有份特别的授业之恩,他们没有"墓碑"却有丰碑,他们的无私奉献是我们继续前行的起点。告别解剖课之际,没有向大体老师致以最隆重的谢礼;气清景明之际,就让我们把每一位学子心中的感恩之情、追思之意带给他们。

我们会记得您,我们会记住您。无语良师,医心遗意,史册流芳。

三、寻找丰碑背后的故事——探访大体老师家属

你虽无名可记,但曾为人父母,为人子女。
今死而不已,以血肉之躯,供医者学习。
你祈上苍,愿医者多努力,掌握医德良技,
促健康,延寿命,克顽疾。
少误诊,怜伤痛,惜病体,

解剖刀下获真知。

我将以人道主义，救死扶伤，竭诚尽智，敬爱生命，成杏林佳话！

——《向无名献尸者致哀辞》

"以本无用之躯，尽最后有用之力，才算给自己的人生画了句号。"这是将遗体捐献给祖国医学事业的普通人最后的心声。伟大的大体老师是医学生第一个手术的"患者"，也是医学生的"无语良师"——"我宁愿你们在我身上划错千万刀，也不希望将来你们在病患者身上划错一刀"。

怀着对"无语良师"崇敬之心，为了让作为医学生的我们有机会表达内心无比感恩的情怀，"医心遗意"协会每年均开展"感恩·探访大体老师家属"活动，自2012年起已举办了四届。活动以"医路同行·感谢有你"为主题，从前期准备、宣传招募到队伍面试和培训大会，从探访、分享大会到后期纪念册的制作。俞敏洪曾说："从一个想法到最后的执行，这个过程是最痛苦、最考验人的。"

活动得到许多同学的响应，纷纷组队报名。经过激烈的面试，每年均诞生十多支志愿者队伍。高年级的同学更因为亲身经历过局解课的学习和实践而满心感恩。真情实感的流露，是付诸行动最好的理由。志愿者们将怀着感恩之心来到遗体捐献者家中，表达对大体老师的崇敬、对其家属的关心和感谢，并将遗体捐献者作为采写对象，围绕他们的生平事迹，联系亲属开展口述史采访。

志愿者精心策划，联系家属，约好日子。有去到家中，有来到学校，有约在烈士陵园，每一个队伍都全心参与，珍惜难得的探访机会，倾心交谈。在交谈中了解大体老师的生平，感受着他们的心路历程，感悟他们最后虽离开却仍犹存的大爱。

每支队伍都出色地完成了探访活动，他们将所做、所知、所感在交流会上一一呈现，共同分享那一份收获、那一份成长、那一份鼓舞人心的力量。每一句感言，是从不同角度的体会与感受，但又有着一样的感恩情愫牵系其中。（见彩图4.3.6）

作为一名大学生，我们希望用自己的青春和热情参与到实践活动当中，提升自我，为社会贡献自己的一分力量，承担属于我们的一份责任；作为"医心遗意"的一员，我们希望通过自己的努力让更多的人知道并了解遗体捐献相关事宜，逐渐改变中国封建社会关于"生"与"死"等问题的传统观念，使更多的市民关注并参与到我们的活动当中，为祖国的医疗卫生事业贡献自己的光和热。

作为一名医学生，我们希望更多的与老年人交流，与有意愿捐献遗体的市民交流，与遗体捐献者的家属交流，这不仅使我们自己更深切地了解到遗体捐献者的大爱与无私，也使我们更加尊重感谢我们的大体老师，更加珍惜来之不易的学习机会，激励我们为了不辜负遗体捐献者的期望与嘱托而更加勤奋刻苦的学习，如一滴水，汇入到祖国卫生事业的洪流当中。让我们在鲜活生动的社会实践中感悟体会"中国梦"，把自己的梦想与伟大的"中国梦"自觉而紧密地结合起来。

中山医学院学子对大体老师的高尚行为，怀有无限的感恩之心，更希望捐献者家属可以感受到来自学校、社会的重视和关怀。"医心遗意"感恩探访，还有更长更远的路要走下去。

这些年来，我常常利用各种机会宣传遗体捐献及其意义，发动周围亲友摒弃传统观念，投身到志愿捐献遗体的行列。当我听到有些老同志担心自己的遗体给学生做解剖会疼痛时，我笑着跟他们说，送到殡仪馆不也要火葬吗？如果会痛的话，火烧比刀割更痛呢。把遗体捐献给祖国的医学事业，实现人生的最后奉献，是最有意义的事情。

——司徒梅芳

"我们不能选择出生，但是能让死亡更有尊严，更有价值。要跨出这一步不容易，能做到的人必然早已大彻大悟。如果这个世上有天堂，大体老师们的灵魂一定在那里安息。"正因为深入地了解背后的故事，所以我们更懂大体老师虽平凡却有着可贵的精神。"我们所能做的，只是让这种新能量延续下去，让她感染我们自己，感染我们身边的人。身为医学生，我们做的是良心活，手上掌握的是生命，手中划走的也是生命。"正因为为之动容，受其感染，所以我们更明白该怎样走好前方的路。

每年的探访活动落幕，"医心遗意"都会完成一本纪念册。探访活动的意义是持久深远的，真诚的感谢会一直延续，我们期待感动后的成长，期待无私大爱和崇敬感恩的良性循环。（见彩图图4.3.7）

大体老师，是对志愿捐献遗体者的尊称。在生命的终点时刻，他们履行遗体捐赠的承诺，以赤诚的血肉之躯，为杏林学子生动演绎师者的"传道、授业、解惑"。缘于他们无可替代的奉献，学子们得以领略肌体之精美，洞悉生命的之玄妙。大体老师成就医学"无言之师"的无上荣光。

为敬念和缅怀大体老师的善举，我们开展了"感恩·探访大体老师家属活动"。试图追寻大体老师生前的美德善行，领略他们生活的智慧与生命的奥义。在这场"善"的追寻中，大体老师平凡而鲜活的人生故事，细细铺呈生命中的"真、善、美"，感动在无声中成长为参天大树，最终撼动我们整个心灵。一切美好源于爱心与善念，当这种爱与善超越自我、跨越生死，成就的便是人间大爱、天地长情。

我们期望源于爱与善的遗体捐献被越来越多的人了解和接受，我们期望遗体捐献的善行在传播中具有越来越旺盛的生命活力。今天，大体老师将爱与善的种子播下，明天，我们将收获爱与善的整个森林。

爱心与日月同辉，善行与天地共存！

感恩大体老师！向大体老师及其家属致敬！

——中山大学中山医学院副院长：陈琼珠

四、杏林感恩——至善广场

2015年，中山医学院为纪念大体老师建成至善广场。至善广场是纪念大体老师、弘扬仁心大爱之精神圣地，它为我们内心的感恩与怀念提供了一方天地。广场雕塑取自观音之手印，双手间向上托举一破壳之蛋，蛋内婴儿天真可爱，手印顶端造型如待开英雄之花木棉。雕塑暗喻医学肩承呵护生命，托举希望之神圣使命；盛赞大体良师舍身育才、大爱泽医之大德善行。至善广场海育杏林学子当感念馈赠、精勤医道、厚德载物、泽被四方。

如今,遗体捐献这一行为正逐渐开始受到更多人的关注和认可。生命,因短暂和仅有一次而显得更为宝贵。然而,遗体捐献者却战胜了短暂,使生命的价值得以升华,获得了永恒。他们以自愿捐献遗体的高尚行为,为人类攀登医学高峰提供了基石,使一些人获得新生或光明成为可能。因此,无语良师值得每一个人的尊敬与感恩。感恩,是因为他们生前为社会谋利益;感恩,是因为他们敢于摈弃陈规旧俗和偏见,将自己百年后的遗体献给国家的医学事业。感恩他们的伟大,为后世带来了健康快乐。他们的生命会以另一种方式延续,永远活在我们心中。(见彩图图4.3.8)

五、手绘寄赞歌

"无言礼赞,手绘恩情","医心遗意"以此为主题,举办了手绘作品及模型制作的比赛。一时间,作品蜂拥而至,创意层出不穷。透过这些作品,不难看出每一个人对无语良师最为真挚的感谢,感谢他们可以弃世俗之见,创生命之盛。(见彩图图4.3.9、图4.4.10、图4.3.11)

大体老师是一群没有墓碑却有丰碑的人们,是一群以身体教会我们成长的人们,是一群将无言的话语化作有形力量的人们。至善广场的建立更加肯定了大体老师为我们所付出的一切,他们用自己柔弱的身躯去塑造了一个又一个刚强坚毅的形象,引领着一代又一代的医学生们勇敢地踏上医学之路。

驰昼夜同济沧海　传薪火以爱燃灯
——"医心遗意"为发展

"医心遗意"以医学知识为依托，积极宣扬遗体捐献的内容，从中山医学院遗体捐献志愿服务基地，到医学博物馆、标本馆，再到努力坚持至今的"第二课堂"项目，我们希望借此让更多的人明白遗体捐献的重要与必要。一路走来，却不乏广州红十字会的宏观指导，不乏国内各大高校中志同道合的公益团体悉心陪伴，与同行者的交流让我们走得更快，走得更稳。是的，我们一直走在路上，我们一直在努力。这希望的星星之火必将燃成燎原的薪火，代代相传。

一、怀火热耐心，朝远方风雨兼程

遗体捐献志愿服务基地——我们一直在路上

2012年的暑假，广州红十字会在中山大学中山医学院成立了广州市第一个遗体捐献志愿服务基地——中山医学院遗体捐献志愿服务基地（以下简称"服务基地"），通过医学生的志愿者服务来宣传推广遗体捐献活动。

中山医学院遗体捐献志愿服务基地以中山大学医学标本馆、中山医学院遗体捐献办公室为基础，由共青团中山大学中山医学院委员会统筹管理，中山医学院"医心遗意"遗体捐献志愿者协会具体组织、实施各项科普宣传活动，同时接受广州市红十字会的业务指导。基地建设所需场地、资金、人员、物资等，均主要由中山医学院提供支持。

作为广州第一家市红十字会遗体捐献志愿服务基地，希望通过开放中山大学医学标本馆，为普及健康教育、促进公众健康提供更高品质的健康教育基地。（见彩图图4.4.1）

从正式启用至今，服务基地备受社会关注。揭牌仪式当天，广州多家媒体争相报道。"首个"遗体捐献志愿服务基地的背后到底承载着什么？一份信任，一种责任，一份担当。当世人还不能接受甚至是抵触遗体捐献这一概念时，我们就在努力，一点一滴将这个概念融入大家的生活中。从抵触到理解，到接受，到主动报名，遗体捐献这个概念正在渗透到每一个人对死亡的观念中去，越来越多的人选择利用自己的无用之躯去创造生命消散后的有用之举，给一代又一代的病人和医学生带来福音。

作为医学生，我们是祖国未来医学的中坚力量。在祖国医疗行业关键的转折时期，我们不能仅仅将接受医学教育、享受国家及学校提供给我们的种种优越待遇视作理所当然，而更应在多个方面培养自己分析问题、解决问题的能力，去担起时代赋予我们这一代人的使命，这也正是对中山大学"博学、审问、慎思、明辨、笃行"的校训精神的践行。我们身为医学生的价值所在，正是推动社会特别是医疗行业向更为先进、更为和谐的方向发展。任何对大众，对发展有利的事情都值得支持、赞扬和鼓励，遗体捐献是这样，医疗行业更是这样。我们的发展工作不应集中于针对矛盾去解决问题，而是大家齐心协力去营造和谐。

大概正因这份执着与齐心，"医心遗意"得到了社会的逐步认可。老师的鼎力相助、同伴的互相支持，从零开始摸索前行，即使困难重重，我们也会披荆斩棘，开创一条通往未来的坦途。

馆藏无语，胜似千言

为了更好地宣传遗体捐献知识，让更多普通人有机会了解基本医学常识，中山大学北校区校园提供了这样一个地方：中山大学医学标本馆。

医学标本馆先于遗体捐献志愿服务基地成立。从2011年正式开放以来，短短几年，它已发展为中山大学北校园不可或缺的一部分。标本馆是中山医学院遗体捐献志愿服务基地的重要部分，不仅接受志愿捐献遗体登记，还为社会公众感知生命的奥妙创建平台。在标本馆和博物馆中徜徉，难免为人体本身的神奇所触动，并由此引发思考——作为人类群体中看似不起眼的单一个体，是否可以在死后还有所贡献、是否可以选择用去血肉之躯的平凡铸就科学真理的伟大？（见彩图图4.4.2）

标本馆坚持不断提高服务水平与科普教学质量，从硬件设备到软件设施，从所拥有的标本种类到所培养的解说员水平，都经历了层层把关。（见彩图图4.4.3）

严格选拔标本馆的讲解员，是对每一个前来参观的人的尊重。他们认真讲解标本馆的每个细节，使得医学知识传播得更远，启发更多的人认识思考遗体捐献。

理解遗体捐献之意义所在，敬重那些愿在身后捐出躯体的可爱的人们。

馆藏虽无语，却胜似千言。中山大学医学标本馆虽只是矗立在中山大学北校园之内，却面向公众开放，向这个社会传播着遗体捐献的知识，感化一个又一个到来之人。

二、纸端笔走滋味长

我叫"医心遗意"。

爱好奉献，奉行人道与博爱。将"在感恩中服务、在服务中宣传、在宣传中提高"作为宗旨，愿望是使遗体捐献观念逐渐深入人心。

这几年我走过了西关小屋和科普基地、捐献站和服务站、墓园和校园。我从未停下脚步，我想走得更远。

大众传媒让我走得更远。

"医心遗意"媒体新闻报道

2013年10月，中国红十字报刊登了《"医者心，志愿情"——记中山大学中山医学院"医心遗意"遗体捐献志愿者协会》的文章，文章中高度肯定了"医心遗意"对于中山大学遗体捐献事业的贡献。

"医心遗意"协会的行动得到了广州市红十字会、学校领导以及广大师生的提倡和帮助，也通过媒体的渠道，得到了许多市民认可与支持。志愿活动将一直做下去，还要做更多。

2011年11月25日	《南方都市报》新闻，《来一场博物馆科普旅行》
2011年11月29日	《广州日报》新闻，《中山大学医学标本馆昨日正式对外开放，部分标本已成绝品》
2011年11月29日	《羊城晚报》新闻，《中大医学标本馆免费开放》
2011年11月29日	《新快报》新闻，《去中大医学标本馆探索人体奥秘》
2011年11月29日	《信息时报》新闻，《来看看绝版标本，考虑下遗体捐献》
2011年11月29日	《南方日报》新闻，《中山医人体标本馆免费开放》
2012年7月21日	《南方日报》新闻，《穗首家遗体捐献 志愿服务站挂牌》
2012年7月21日	《新快报》新闻，《广州去年遗体捐献仅38例 首家遗体捐赠志愿者服务基地昨落户中大医学院》
2012年7月21日	《羊城晚报》新闻，《去世了，还能为社会做贡献 广州成立首个遗体捐献志愿者服务基地》
2012年7月21日	《广州日报》新闻，《捐赠开展过十年志愿登记仅千人》
2013年4月9日	《广州日报》新闻，《遗体捐献能否"我做主"》
2013年10月25日	《中国红十字报》新闻，《"医者心，志愿情"——记中山大学中山医学院"医心遗意"遗体捐献志愿者协会》
2012年9月27日	中山医学院网站新闻，《"市红十字会四校大学生遗体捐献志愿者交流活动在我校举行"》

"医心遗意"协会活动

2001年	广州首个遗体捐献站在中山医学院建立
2004年	中山大学医学博物馆揭幕开馆
2011年	中山大学医学标本馆正式启用
2012年4月	2012年度清明节遗体捐献者追思缅怀仪式 关爱残疾，康复至善——走进越秀区白云街社区卫生服务中心
2012年5月	遗体捐献志愿者协会西关小屋宣传日
2012年7月	遗体捐献志愿者协会对六榕寺僧侣及工作人员进行培训 遗体捐献志愿者协会参观金宝老人院 中山医学院遗体捐献志愿服务基地挂牌仪式
2012年9月	市红十字会四校大学生遗体捐献志愿者交流活动在我校举行
2012年10月	"医心遗意"被评为"中山大学2012年暑期公益实践十大精品项目"
2012年11月	"医心遗意"志愿者探访遗体捐献者家属司徒梅芳女士 "医心遗意"遗体捐献协会建设街社区宣传活动
2012年12月	"医路同行，感谢有你"探访遗体捐献者家属活动培训 "春满杏林，医暖天下"医学人文科普宣传日活动

2013 年 1 月	"医路同行，感谢有你"探访大体老师家属志愿服务活动总结会
2013 年 3 月	"医者仁心"医学文化节"行走"义诊分享会
2013 年 4 月	"医者仁心"大型服务一条街志愿活动
	2013 年度中山医学院师生向遗体捐献志愿者缅怀追思仪式
2013 年 5 月	深圳大学医学院师生到访我院进行遗体捐献工作交流
2013 年 9 月	南方医科大学"医鸣警人"志愿协会来我院交流
	中国红十字会来我校考察遗体捐献工作
2013 年 12 月	医路同行，感谢有您——中山医学院第二届探访大体老师家属志愿服务活动
2014 年 3 月	"生理健康教育第二课堂"在标本馆开课
2014 年 4 月	2014 年度中山医学院师生向遗体捐献志愿者缅怀追思仪式
2014 年 9 月	"医心遗意"教师节感恩大体老师活动
	第三届医学人文科普宣传日活动
2014 年 10 月	"医起来"——医学 PPT 大赛决赛
	"第二课堂"人体结构讲解活动
	"医路向东"东校区大型义诊活动
2014 年 11 月	第三届科普人文宣传日之走进社区系列活动
2014 年 12 月	中山医学院团学服务队分享会
2015 年 4 月	2015 年度中山医学院师生向遗体捐献志愿者缅怀追思仪式
	感恩广场正式启用
	2015 年广州市科普精品一日游
2015 年 9 月	"弘扬大爱精神 践行医者使命"教师节感恩签名活动
	"上善若水，大爱无疆"感恩大体老师系列活动
2015 年 10～11 月	"感恩、探访大体老师家属活动"

附 录

彩图图序

第一篇　史册流芳

伟大的真意
——刘世珍老师的故事

深爱着自己的祖国，已然为祖国燃尽了自己的青春年华，即使到了生命的最后一刻，即使站在了生与死的高度，她还是默默地选择奉献自己的身躯，去为祖国的医学事业尽自己最后一分力。

图 1.1.1　刘世珍老师生前照片

也许我们所谓的伟大，在刘世珍老师心里就是无悔，是执着，是不愧于自己的快乐，是为信仰付出一切后自我内心的满足。

图 1.1.2　刘世珍老师北大毕业证书

无私奉献，美若落花
——冯兆宏老师的故事

家国安定是幸福，人人温情是幸福。不论是热心助人还是遗体捐献，冯老师一直在践行幸福的真谛。

图 1.2.1　冯兆宏老师生前照片

图 1.2.2　冯兆宏老师家属向队员介绍老师生平事迹

"他曾经深受儒家思想影响，是'腐儒'，到后来作出捐献遗体的决定，我也不知道他是怎样完成这样的转变的。"

信仰的力量
——彭雄辉老师的故事

穿上军装,他就是最英勇无畏的战士。换下军装,他便是最恪守信仰的党员。高节清风,扶危济困,幻化成一首又一首动人的赞歌。

图 1.3.1　彭雄辉老师生前照片

花开花落,去留无意
——伍智民老师的故事

图 1.4.1　伍智民老师家属与探访同学分享老师生平故事

也许是这辈子一直都种着花花草草,使伍奶奶早已对生死有了透彻的感悟和理解。

倾尽所有，倾尽仅有
——王勉予和黄美静老师的故事

图1.5.1　王老师与黄老师生前合影

王勉予先生和他的夫人黄美静女士，这两位虔诚的基督教徒，在生命的尽头嘱咐葬礼一切从简，仅有牧师祷告，并无私捐献自己的遗体。这对令人尊敬的夫妻在世时倾尽所有，为身边的人创造出了天堂，如今他们又将仅有的躯体献给了医学事业。

图1.5.2　王勉予老师的遗体捐献志愿书

图1.5.3　黄美静老师的遗体捐献志愿书

辛勤一生，叶落杏林
——任春昉老师的故事

"一个人与其火化成灰，还不如贡献给医学。"您生命的重量，足以我们仰视一生。

图 1.6.1　探访队员向任老师家属赠送往届探访纪念册

图 1.6.2　任春昉老师家属与探访队员合影

蚕桑之缘,奉献永恒
——苏大道老师的故事

苏大道老师,就像他终生热爱的桑树,无私地奉献自己的全部,从知识、青春乃至身躯。

图1.7.1　苏大道老师生前照片

图1.7.2　《广东蚕业》刊登的悼文

图1.7.3　探访队员与苏大道老师家属合影

为某些东西而义无反顾
——李载森老师的故事

"我们总会为了某些东西而义无反顾。"李老师一生都把这句话作为自己的人生准则。

图1.8.1　李载森老师生前毕业照

图1.8.2　李载森老师生前所获荣誉

图1.8.3　李载森老师荣誉证书

图1.8.4　李载森老师的遗体捐献志愿书

医心不朽，温暖常流
——程小育老师的故事

上天待她菲薄，她却始终想着要为国家做点贡献，弥留之际还心心念念，要将自己的身体作为最后仅有的礼物，送给国家。

图1.9.1　程小育老师家属与探访队员交流

图1.9.2　程小育老师家属与探访队员合影

尘埃中的花
——杜冠一老师的故事

在这个尘土飞扬的世界里,即使迷雾重重,即使荆棘满地,您依然勇敢绽放。

图 1.10.1　杜冠一老师生前照片

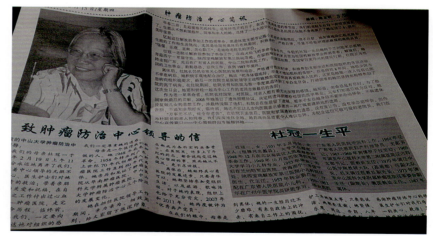

图 1.10.2　杜冠一老师生平事迹在报纸上报道

图 1.10.3　杜冠一老师家属与探访队员合影

生命的终点
——崔强老师的故事

生命的终点不应充满伤感,而是因为奉献,让自己在生命的终点跟这个世界告别时,不留遗憾。

图 1.11.1　崔强老师旅游照

图 1.11.2　退休后崔强老师走遍大半个中国

图 1.11.3　崔强老师家属与探访队员合照

生命之火永不熄
——曾志斌、陈少娟老师的故事

曾志斌和陈少娟老师的赤诚之心，让生命之火在爱心和奉献中传递，永不熄灭。

图1.12.1　曾志斌、陈少娟夫妇生前合影

图1.12.2　陈少娟老师生前与家属合影

图1.12.3　曾志斌老师及其家属

图1.12.4　曾志斌老师的遗体捐献志愿书

高雅纯洁，香如百合
——陈婉娴老师的故事

百合的花语是高雅纯洁，在基督教里一直被视为圣母之花。陈婉娴老师，亦正如百合般，香气缭绕，抵挡外界的困苦，保持不被污染的纯真，安然，寂静无声。

图 1.13.1　陈婉娴老师生前照片

施比受更有福
——熊冠英老师的故事

清雨纷飞御柳斜,四方相聚共此时。心存良师无语恩,杏林春暖医者仁。

图1.14.1 与图1.14.2　熊冠英老师生前照片

图1.14.3　熊冠英老师生前照片

一身英雄血，博爱为后人
——邓权民老师的故事

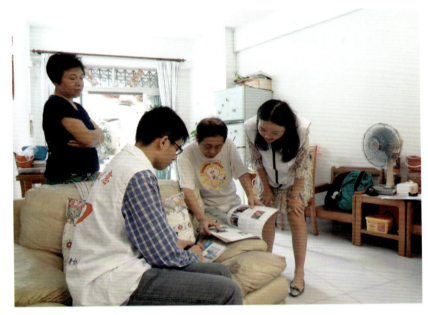

"报国何须有疆场，英雄自有后来人。"邓老师的一生就犹如一个热血的红色故事。

图 1.15.1　邓老师家属向志愿者展示老师生平照片

简简单单平凡心
——陈秀珍、伦广祥老师的故事

生命的价值不单单在于生命的辉煌或死亡的壮丽，陈秀珍、伦广祥夫妇正是于平凡之中绽放出不一样的精彩。

图 1.16.1　陈秀珍老师家属与探访队员交流

舍身育才作渡舟
——樊珠、叶慧珍老师的故事

或许并非每个志愿者都有过轰轰烈烈的人生，但选择在生命结束后向社会奉献自己最后的光和热，足以让人生发出最耀眼的光芒！

图 1.17.1　樊珠老师生前与妻子合照

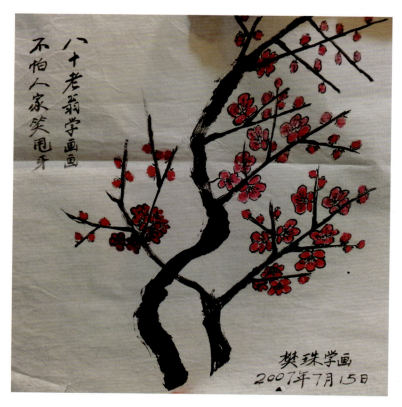

图 1.17.2　樊珠老师生前画作

忠诚正气，奉献一生
——周毓青老师的故事

象岗山上开拓者，珠江水畔孺子牛。这就是周老师，一生忠诚，坚守正气，在生命的终点也不忘献出自己最后的力量！

图1.18.1 周毓青老师年轻时的照片

图1.18.2 周毓青老师生前与妻子合影

图1.18.3 周老师家属与探访队员合照

怀中有情，奔跑无畏
——余秋艳老师的故事

时代的桎梏不能成为她追求美好的枷锁，在彼此的理解与关怀面前，苦难终是过去。曾经她的勇气，曾经她的坚持，也都在岁月的流逝中，一一得到证明。

图 1.19.1　余秋艳老师的生前结婚证书

因为她爱爸爸，爱我们，爱她生活的这个地方，所以她不害怕别人的非议，不吝啬自己的勇气，所以她可以独自面对，也可以一路坚强。

图 1.19.2　余秋艳老师的生前旧照

琴声不谢
——张壎老师的故事

听，它扬于峰顶，它起于琴弓，它跃于双眸，它在疾速拉动中洋溢，它在轻缓掠过中抒情，听，它在讲述，一个老人的一生，那样严谨细腻，又那样宁静致远。

图 1.20.1　张壎老师的生前旧照（左一）

生于忧患
——刘耀虞老师的故事

千淘万漉虽辛苦，吹尽黄沙始到金。他用一生诠释的不屈的精神也更为受用。人们常说，坚韧是把利刃，从苦难的炼造中脱鞘而出，愈是艰难，就愈是锋利。

图 1.21.1　刘耀虞老师的生前旧照

十年树木，百年树人
——李家树老师的故事

图 1.22.1　李家树老师生前与妻子合影

在枝繁叶茂的时候，把种子洒落大地，精心抚育，培植出全新的生命，让他们在这块土地上生长、成熟，先生用几十载岁月书写"树木"的艰辛与不易。

他热爱生活，热爱大自然的美好山河，儿子结婚后，他没有坚持与他们住在一起，而是与老伴游历大好河山，让足迹遍布了祖国的许多角落，安详地度过晚年。

图 1.22.2　李家树老师的生前照片

南粤遗体捐献事业的先驱者
——王彻、司徒梅芳夫妇的故事

"春蚕到死丝方尽，蜡炬成灰泪始干。"她与他便是那孜孜的春蚕，吐尽华丝，不懈奉献；亦是那不灭的烛光，照亮无数学子漫漫的求医路，继往开来。

图 1.23.1　王彻老师与司徒梅芳老师生前照片

图 1.23.2　王彻老师饱经考验、光荣的一生

落雪红梅，冰心洁玉
——徐玉梅老师的故事

"一个医生要先解剖自己的内心，才能解剖别人。"

图1.24.1　徐玉梅老师家属与探访队员合影

我的母亲
——刘兴会老师的故事

任何一种事业都值得人们去奋斗，不论成败；任何一种信仰也都值得我们去尊重，没有贵贱。

图1.25.1　刘兴会老师家属与探访队员交流

杏林师者
——鲍燕华老师的故事

鲍奶奶不仅用自己的躯体教会我们医学的知识,更是用自己的一生传承奉献的精神,她无愧为一位杏林师者。

图 1.26.1　鲍燕华老师的生前照片

人间日月去如梭
——章立民老师的故事

他献身报国的觉悟,乐善好施的情怀,尊重生命的精神,都值得我们深深敬仰。

图 1.27.1　章立民老师家属与探访队员合照

154　生命华章

第二篇　高风亮节

许你此身，生命长青
——李小宁女士的故事

生前难偿身后人，
身后此躯终无形。
大爱无言情难报，
生命之树长久青！

图 2.2.1　李小宁女士与志愿者合影

何不潇洒走一回
——麦敏老人的故事

这位七十四岁的老人，站在社会发展的高度看待遗体捐献，不悲不戚，从容淡然，像是山崖高处一棵岿然挺立的青松。

图 2.3.1　麦敏老人与志愿者合照

连理枝头，杏林常芳
——孙明明先生与方敏女士的故事

我以为许多夫妻的结合并不都是出于情投意合，我以为柴米油盐酱醋茶才是婚姻的最终面目，我以为左手摸右手才是一段感情归于平静的结局。直到，我听到你们的故事。

图2.4.1 孙明明先生与志愿者的合照

图2.4.2 志愿者与孙明明先生交流中

在黑暗中漫舞
——王志明老师的故事

"做人，在什么地方都要发光，不要默默无闻。"

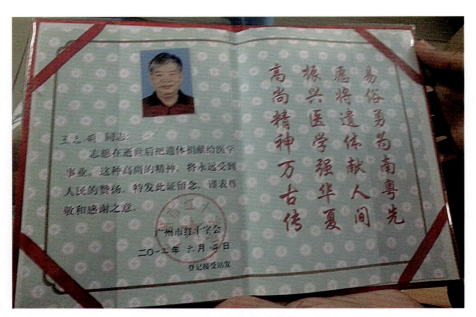

图 2.5.1　王志明老师的遗体捐献登记证

图 2.5.2　志愿者与王志明老师的合照

用奉献书写生命华章
——周捷老师的故事

莫道桑榆晚,为霞尚满天。深深明白医学传承重要性的你们,为了一个更加美好的医学未来,在生命的最后依然闪耀出人性的光辉。

图 2.6.1　周捷老师

图 2.6.2　周捷老师与志愿者合照

第四篇 高山景行

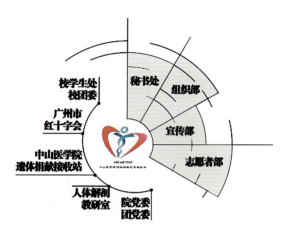

图 4.2.1 图表文字：实践活动保障；校学生处、校团委及院党委团委的关心和指导；广州市红十字会的大力支持和帮助；临床技能实验中心、医学标本馆。

中山医学院遗体捐献登记站及人体解剖教研室众多老师热情帮助。

图 4.2.2 LOGO 图标文字：协会名称"中山医学院遗体捐献志愿者协会"，及"VOLUNTEER"字样。中间的双螺旋结构代表遗传物质 DNA，也像是一个舒展的人体，象征着宝贵的生命。外侧是一颗爱心，也像是一双奉献的双手，小心地呵护着掌心的生命，把生命无私地奉献给世界。蕴含了"死后仍然能为社会奉献爱心，使生命永存"之意。

图 4.2.3 "医心遗意，爱满人间"公益科普活动荣获"中山大学十大精品项目"

图4.2.4 协会秉承"在感恩中服务、在服务中宣传、在宣传中提高"的宗旨,紧紧抓住感恩、服务、科普宣传三条主线,组织完成了一系列遗体捐献知识普及活动,使遗体捐献观念逐渐深入人心。

图4.2.5 西关小屋

图4.2.6 义诊服务

图 4.2.7　志愿者派发宣传资料

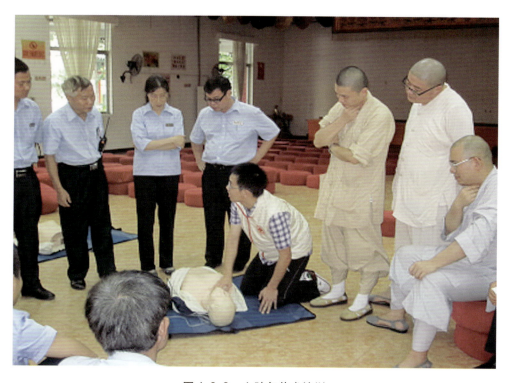

图 4.2.8　心肺复苏术培训

附录 彩图图序 | 161

图 4.2.9　城隍庙宣传海报

图 4.2.10　"医心遗意"协会在敬老院

图4.3.1 墓园一角

图4.3.2 献花

附录 彩图图序

图4.3.3 至善广场献花

图4.3.4 中山大学的医学生在解剖课前向大体老师献花默哀

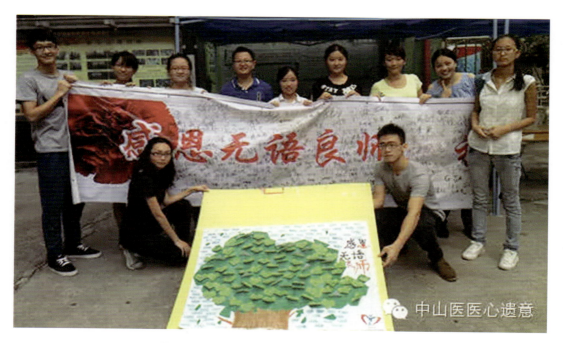

图 4.3.5　教师节感恩大体老师签名留言活动

图 4.3.6　探访前的紧张准备

图 4.3.7　前三届感恩探访大体老师家属活动纪念册封面

图 4.3.8　至善广场

广场中的雕塑取自观音之手印，双手间向上托举一破壳之蛋，蛋内婴孩天真可爱，手印顶端造型如待开英雄之花木棉，暗喻着医学肩承呵护生命、托举希望之神圣使命，盛赞了大体良师舍身育才、大爱泽医之大德善行。而作为杏林学子的我们，应当懂得感念馈赠、精勤医道、厚德载物、泽被四方。

图4.3.9 手绘作品——《您无形之爱,医始筑高台》

图4.3.10 手绘作品——《约定》

图4.3.11 手绘作品——《大爱无疆》

图 4.4.1　广州市红十字会遗体捐献志愿服务中山医学院基地揭牌仪式

图 4.4.2　中山大学医学标本馆

图 4.4.3　中山医学院标本馆讲解员的风采

2015年全国科普讲解大赛之中，中山大学医学标本馆两位讲解员杨丰源、王瑷琪同学在广州赛区选拔赛中获得一等奖，代表广州市参加该项大赛的全国赛，这是医学标本馆讲解员首次进入该项大赛的国赛。经过激烈的角逐比拼，杨丰源同学获得"2015年全国科普讲解大赛"三等奖，王瑷琪同学获得优秀奖。

图 4.4.4　中山大学北校区医学博物馆

附录 彩图图序

图 4.4.5 遗体捐献科普宣传讲座

图 4.4.6 2015 广州市红十字会志愿服务年度工作会议

图 4.4.7　四校遗体捐献服务志愿者们的风采

图 4.4.8　广州四校大学生遗体捐献服务志愿者交流会

图 4.4.9　中山大学"医心遗意"——南方医科大学"医鸣警人"交流会议

图 4.4.10　"医心遗意"与"医鸣警人"联合进行科普宣传活动